现代市场营销浅论

范　滇　著

中华工商联合出版社

图书在版编目(CIP)数据

现代市场营销浅论 / 范滇著. --北京：中华工商
联合出版社，2023.9
ISBN 978-7-5158-3767-3

Ⅰ．①现… Ⅱ．①范… Ⅲ．①市场营销学－研究
Ⅳ．①F713.50

中国国家版本馆 CIP 数据核字(2023)第 182615 号

现代市场营销浅论

作　　者:范　滇
出 品 人:刘　刚
责任编辑:李红霞　李　瑛
装帧设计:程国川
责任审读:付德华
责任印刷:陈德松
出版发行:中华工商联合出版社有限责任公司
印　　刷:北京毅峰迅捷印刷有限公司
版　　次:2023 年 9 月第 1 版
印　　次:2024 年 1 月第 1 次印刷
开　　本:787mm×1092mm　1/16
字　　数:202 千字
印　　张:14.5
书　　号:ISBN 978-7-5158-3767-3
定　　价:68.00 元

服务热线:010-58301130-0(前台)

销售热线:010-58302977(网点部)
　　　　　010-58302166(门店部)
　　　　　010-58302837(馆配部、新媒体部)
　　　　　010-58302813(团购部)
地址邮寄:北京市西城区西环广场 A 座
　　　　　19-20 层,100044
http://wwwchgslcbscn
投稿热线:010-58302907(总编室)

工商联版图书
版权所有 侵权必究

凡本社图书出现印装质量问题,请与印务部联系。
联系电话:010-58302915

　　市场营销学是一门建立在经济科学、行为科学、管理科学和现代科学技术基础之上的应用科学。在现代市场经济条件下,市场营销学原理不仅广泛应用于企业、政府和非营利组织,而且逐渐应用于微观、中观和宏观三个层次,涉及社会经济生活的各个方面。

　　世界经济快速融合,为世界各国的企业和个人带来了无限商机和发展机遇。随着社会的飞速发展,以及科技的飞跃进步,市场上的卖家经济模式已经逐步转换为买家经济模式。在现代市场经济发展中,市场营销是将企业的外部与内部所有的价值进行有机结合与应用,使经济效益快速增长的重要方法。未来中国经济将更加全面、快速地融入世界经济中,不管是在实体经济还是在以电子商务为特色的网络经济中,我国都将成为世界经济特别重要的组成部分。在这一发展过程中,我国的企业和个人会有更多的世界机遇,市场营销的发展将更具活力,因此有必要更好地学习并使用市场营销学的知识,以促进个人、企业和国家经济更好地发展。

目录

第一章　市场营销概论

第一节　市场营销及其相关概念

市场营销学,又称市场学、销售学、营销学、市场管理学等,是发源于西方发达国家的一门比较接近实务的经济管理学科。它是建立在经济科学、管理科学、行为科学和现代科学技术基础之上的一门应用性学科,是在不断认识社会化大生产和商品经济发展过程中具有普遍意义的现象、关系、规律和不断解决企业生产经营矛盾的过程中发展壮大的一门学科;也是在经济学、行为科学、现代管理学等科学理论的指导下,对近百年来西方工商企业市场营销实践经验的概括和总结。

今天,市场营销学不仅成为企业在激烈的市场竞争中谋求生存与发展的管理利器,而且作为"我们这一代人的一种核心思维方式",极大地"激发了律师、医生、管理人员、博物馆馆长、政治官员以及经济发展专家的丰富想象力",在经济和社会的各个领域得到了广泛应用。面对新经济时代的全面挑战,越来越多的企业、非营利组织,乃至政府部门,正在以空前的热情,创新、开拓和深化着企业营销、行业营销、城市营销,以至国家营销等领域的理论与实践,通过观念与组织变革,不断"学习"和引导顾客(服务对象)的"学习"过程,创造着全新的绩效与辉煌。在这个充满机会和竞争风险的时代,全面、系统地学习和掌握现代市场营销的理论、方法,对营销人员及经济管理各专业的大学生来说至为重要。

一、市场的含义与构成要素

(一)市场的含义

市场是一个商品经济的范畴,是一种历史的范畴,是社会分工与商品经济的产物,它随着社会生产力和商品经济的发展而发展。市场是由各种基本要素组成的有机结构体,正是这些要素之间的相互联系和相互作用,决定市场的形成,推动着市场的现实运动。

市场是社会分工的产物,是商品经济的产物。市场这个词,最早是指卖主和买主聚集在一起进行交换的场所。经济学家则将市场这一术语表述为卖主和买主的集合。在市场营销者看来,卖主构成行为,买主则构成市场。在现代市场经济条件下,每个人在从事某项生产的过程中趋向专业化,接受报偿,并以此来购买所需的物品。每个国家的经济和整个世界经济都是由各种市场组成的复杂体系,而这些市场之间则由交换过程来联结。

对于市场的含义,不同的人可以从不同的角度进行界定。

在日常生活中,人们习惯将市场看作买卖的场所,如集市、商场、批发市场等,这是一个从时间和空间来理解市场的概念。我国古代有"日中为市,致天下之民,聚天下之货,交易而退,各得其所"的记载(《易·系辞下》),就是对这种在一定时间和地点进行商品交易的市场的描述。

经济学家从揭示经济实质角度提出市场概念。他们认为市场是一个商品经济范畴,是商品内在矛盾的表现,是供求关系,是商品交换关系的总和。市场是人类社会分工和商品生产的产物。马克思指出:"生产劳动的分工,使它们各自的产品互相变成商品,互相成为等价物,使它们互相成为市场。市场是为完成商品形态变化,在商品所有者之间进行商品交换的总体表现。"

管理学家则侧重从具体的交换活动及其运行规律去认识市场。在他们看来,市场是供需双方在共同认可的条件下所进行的商品或劳务的交换活动。

营销人员则经常使用市场这个术语来指代各种各样的顾客。一般而言,他们往往把卖方的集合看成行业,而把买方看作市场。

市场是商品经济中生产者与消费者之间为实现产品或服务的价值,所进行的满足需求的交换关系、交换条件和交换过程的统称。

市场的基础:市场是建立在社会分工和商品生产基础上的交换关系。

市场的基本条件:具备消费者、生产者和交易条件。市场发展的本质:市场上买方决定卖方共同推动的动态过程。

(二)市场的基本构成要素

①消费者(用户)一方,他们有某种需要或欲望,并拥有可供交换的资源。

②生产者(供给者)一方,他们能提供满足消费者(用户)需求的产品或服务。

③促成交换双方达成交易的各种条件,如诚信、法律保障、交易双方可接受的价格、时间、空间、信息和服务方式等。

在现实经济中,由于有多种劳动分工,特定商品生产者之间又存在着各类交换活动,使市场形成了相互连接的复杂体系。其中,制造商从资源市场(由原材料、劳动力、资金等市场组成)购买资源,转变为商品和服务后卖给中间商,中间商再出售给消费者。消费者出卖劳动力赚取金钱,再换取所需的产品或服务。政府是另一种市场,它为公众需要提供服务,对各市场征税,同时也从资源市场、制造商市场和中间商市场采购商品和服务。

二、市场营销及相关概念

(一)市场营销的含义

"市场营销"一词是由"Marketing"意译而来。它包含两种含义:一种是动词的理解,指企业的具体活动或行为,称之为市场营销或市场经营;另一种是名词的理解,指研究企业的市场营销活动或行为的学科,称之为市场营销学、营销学或市场学等。

随着时代和竞争环境的变化,市场营销的概念在不断演进,国内外学者从不同侧面对市场营销的定义做出了界定。美国学者基恩·凯洛斯曾将不同专家对"市场营销"的定义归纳分为三类:一是将市场营销看作一种为消费者服务的理论;二是强调市场营销是对社会现象的一种认识;三是认为市场营销是通过销售渠道把生产企业同市场联系起来的过程。

美国市场营销协会(AMA)在 1960 年给市场营销下的定义是:"市场

营销是引导货物和劳务从生产者流转到消费者或用户所进行的一切企业活动。"到了 1985 年该定义变为："市场营销是个人和组织对理念、货物和劳务的构想、定价、促销和分销的计划与执行过程，以创造达到个人和组织的目标的交换。"2007 年该定义变为："市场营销是创造、传播、传递和交换对顾客、客户、合作者和整个社会有价值的市场供应物的一种活动、制度和过程。"2014 年美国市场营销协会公布了新定义："市场营销是一种向顾客、合作伙伴和社会创造、传播、传递和交换价值的一系列活动、组织和过程。"

营销学家菲利普·科特勒认为，市场营销可以从管理角度和社会活动过程角度两个方面进行区分。市场营销的管理角度定义为：选择目标市场并通过创造、传递和传播卓越顾客价值，来获取、维持和增加顾客的艺术和科学。市场营销的社会定义为：是一个社会活动过程，在这个过程中，个人和团体可以通过创造、提供和与他人自由交换有价值的产品与服务来获得他们的所需所求。

不同定义从侧面反映了市场营销的复杂性，我们从以下方面来理解市场营销的含义：

第一，市场营销与推销、销售的含义不同。市场营销包括市场研究、产品开发、定价、促销、服务等一系列经营活动。而推销、销售仅是营销活动的一个环节或部分，是市场营销的职能之一，不是最重要的职能。

第二，市场营销活动的核心是交换。交换是一个主动、积极寻找机会的过程，其最终目的是"满足需要和欲望"；交换过程能否顺利进行，取决于营销者创造的产品和价值满足顾客需求的程度以及交换过程的管理水平。

第三，市场营销的范围不仅限于商品交换的流通过程，而且包括产前和产后的活动。产品的市场营销活动往往比产品的流通过程要长，现代市场的营销范围已突破了时间和空间的限制，形成了普遍联系、包罗万象的市场体系。西方学者将营销范围具体分为产品、服务、事件、名人、体验、地点、财产权、组织、信息、创意等项，以此为基础形成了服务营销、事件营销、体验营销、名人营销、创意营销等不同营销模式。

第四,市场营销的内涵随社会经济的发展而不断变化和扩充。二战前,人们只是强调产品的推销和销售,而今天的市场营销已发展为系统的经营过程,其内涵还会随着营销实践的发展而进一步丰富。

(二)市场营销的相关概念

1.需要、欲望和需求

需要是人类自身本能感受到的匮乏状态,如人们对食品、衣服、住房、安全、归属、受人尊重等的需要。这些需要是人类与生俱来的,存在于自身生理和社会之中,市场营销人员可采取不同方式去满足他,但不能凭空创造。

欲望是指想得到满足上述基本需要的具体物品的愿望,是个人因受不同文化及社会环境影响而产生的对基本需要的特定追求。例如,为满足充饥需要,西方人可能想要汉堡包,中国人可能想要米饭或面条。营销者无法创造需要,但可以影响欲望。

需求是有能力购买并愿意购买某具体产品的欲望。欲望是无限的,但由于资源是有限的,需求仅为需要集合中的一部分。市场营销的目的就是发现需要中有支付能力的那部分,并使其真正变成现实需求。

2.产品和服务

在营销学中,产品特指能够满足人的需要和欲望的任何事物,其价值在于它给人们带来对欲望的满足。产品是指向市场提供的,能够引起关注、获得、使用或消费,并满足各种需要和欲望的有形实体、无形服务以及附加利益的总和。

产品包含比有形实体更多的内容,只重视有形实体而忽视无形服务或附加利益,是对产品概念片面的理解。例如,人们喝可口可乐,除了"有形实体"能满足解渴之外,其"无形部分"如企业文化会给消费者带来一种信念、一种感觉、一种时尚等附加利益。人们购买轿车不是为了得到一种机械,而是要得到它所提供的交通服务。产品实际上只是获得服务的载体,这种载体可以是有形物品,也可以是不可触摸的无形的"服务",如人员、地点、活动、组织和观念。当我们心情烦闷时,为满足轻松解脱的需要,可以去参加音乐会听歌手演唱(人员);可以到风景区旅游(地点);可以参加校友聚会(活动);可以参加消费者假日俱乐部(组织);也可以参加研讨会接受一种不同的价值观(观念)。

市场营销者必须清醒地认识到,其创造的产品(服务)不管形态如何,如果不能满足人们的需要和欲望,就必然会失败。作为营销者如果只研究和介绍产品的"有形实体",忽视"无形部分",就会患上"市场营销近视症",从而失去市场。

3. 效用、费用和满足

效用是消费者对产品满足其需要的整体能力的评价。消费者通常根据这种对产品价值的主观评价和支付的费用来做出购买决定。如某人为解决其每天上班的交通需要,他会对可能满足这种需要的产品选择组合(如自行车、摩托车、汽车、出租车等)和他的需要组合(如速度、安全、方便、舒适、节约等)进行综合评价,以决定哪一种产品能提供最大的总满足。假如他主要对速度和舒适感兴趣,也许会考虑购买汽车。但是,汽车购买与使用的费用要比自行车高许多。若购买汽车,他必须放弃用其有限收入可购置的许多其他产品(服务)。因此,他将全面衡量产品的费用和效用,选择购买能使每一元花费带来最大效用的产品。

效用的评价既取决于产品的实际效用,也取决于消费者进行的效用比较。消费者通常根据对产品的主观评价和需要支付的费用来做出购买决定,即其购买决策的基本原则是选择用最少的货币支出换取最大效用的产品,从而达到生理或心理上的最大满足。

4. 交换、交易与关系

交换是向他人提供所需之物或价值,并获取相应价值的物或服务的行为,是社会大生产中重要的一环。由于社会分工不同,不同的生产者生产的产品不同,他们需要以价值为基础,通过以物换物或以货币换货物的形式各取所得。

交易是交换的基本组成单位,是交换双方之间的价值交换。交换是一种过程,在这个过程中,如果双方达成一项协议,我们就称之为发生交易。交易通常有两种方式:一是货币交易,如支付 800 元给商店而得到一台微波炉;二是非货币交易,包括以物易物、以服务易服务的交易等。

关系是交换过程中形成的社会和经济联系,它包括营销者与顾客、分销商、零售商、供应商以及竞争者等之间的联系。现代市场竞争的加剧,使企业市场营销工作的重心正逐步从追求交易的成功转向关系的建立。在各方关系中,企业与顾客的关系处于核心地位。为此,西方发达国家提出了客户关系管理(CRM)这一旨在改善企业与客户之间关系的新型管理机制。

建立在交易基础上的营销可称之为交易营销。为使企业获得较之交易营销更多的所得,就需要关系营销。关系营销是营销者与有价值的顾客、分销商、零售商、供应商以及广告代理、科研机构等建立、保持并加强长期的合作关系,通过互利交换及共同履行诺言,使各方实现各自目的的营销方式。与顾客建立长期合作关系是关系营销的核心内容。同各方保持良好的关系要靠长期承诺和提供优质产品、更好服务和公平价格,以及加强从追求每一次交易利润最大化转向与顾客和其他关联方共同长期利益最大化,即实现"双赢"或"多赢"。企业建立起这种以战略结盟为特征的高效营销网络,也就使竞争模式由原来单个公司之间的竞争,转变为整个网络团队之间的竞争。

5.市场营销与市场营销者

市场营销是通过市场交换满足现实或潜在需要的综合性经营销售活动过程,市场营销的目的是满足消费者的现实或潜在的需要,市场营销的中心是达成交易,而达成交易的手段则是开展综合性的营销活动。市场营销这个概念是从企业营销的实践中概括出来的,同时也要注意,市场营销的定义不是固定不变的,它会随着工商企业市场营销活动实践的发展而不断发展充实。

在交换双方中,如果一方比另一方更主动、更积极地寻求交换,我们就将前者称为市场营销者,后者称为潜在顾客。换句话说,所谓市场营销者,是指希望从别人那里取得资源并愿意以某种有价值的东西作为交换的人。市场营销者可以是卖方,也可以是买方。当买卖双方都表现积极时,我们就把双方都称为市场营销者,并将这种情况称为相互市场营销。

6.市场营销系统

市场不是一个静态的集合,而是多变的、动态的集合。在现代市场经济条件下,企业所面临的这个动态"集合"越来越复杂。从总体上讲,企业首先需要对外部宏观环境(政治、法律、人口、经济、技术、自然、社会文化)和微观环境(供应商、竞争者、营销中介和公众)因素做出比较透彻的分析和预测,通过发现顾客需求,结合自身资源将其转化为对产品与服务的要求,再通过有效的促销、分销和价格策略,才能最大限度地满足目标顾客需求,同时实现企业的目标。从这个意义上说,市场营销是一个由企业、顾客、相关环境因素组成的系统,体现了企业和顾客在一定市场条件下的相互协调关系。

具体而言,市场营销系统包括营销信息系统、营销计划系统、营销组织和执行系统以及营销控制系统等。营销信息系统是企业的"中枢神经",因为该系统可以使企业敏锐地捕捉外部环境变化,并整合各种内部信息,监督协调各部门的计划和执行情况,对企业战略决策起引导作用。营销计划系统是企业联系现在经营和未来发展的"桥梁",随着环境的变化和竞争的加剧,企业不仅要建立年度的营销计划,而且要建立长期发展的战略计划。无论是把营销信息系统中的信息转化为"能量",还是把营销计划所描绘的"蓝图"转变为现实,都需要专业人员或职能部门来支撑,如市场调研、广告策划、产品计划、物流配送、营销审计等,这些专业人员和职能部门构成了企业稳健的营销组织和执行系统。营销计划在实施过程中难免会遇到各种意外事件,营销控制系统的建立可以连续不断地监督和控制营销活动,使营销计划与环境相适应,保证企业沿着战略规划的方向发展。

第二节　市场营销学的研究对象与内容体系

一、宏观与微观市场营销学

市场营销学的构建从微观(企业)开始,逐步形成了微观与宏观两个分支。宏观市场营销学从社会总体交换层面研究营销问题,它以社会整体利益为目标,研究营销系统的社会功能与效用,并通过这些系统引导产品和服务从生产进入消费,以满足社会需要。宏观市场营销学将营销视为一种社会经济过程,引导某种经济的货物和劳务从生产者流转到消费者,在某种程度上有效地使各种不同的供给能力与各种不同的需求相适应,实现社会的短期和长期目标。它强调从整体经济、社会道德与法律的角度把握营销活动,以及由社会(政府、消费者组织等)控制和影响营销过程,求得社会生产与社会需要之间的平衡,保证社会整体经济的持续、健康发展和保护消费者利益。

微观市场营销学从个体(个人或组织)交换层面研究营销问题。微观市场营销是指某组织为了实现其目标而进行的这些活动:预测顾客和委托人的需要,并引导满足需要的货物和劳务从生产者流转到顾客或委托人。显然,个人和组织(其典型是企业)的营销活动是围绕产品或价值的交换,为实现其目标而进行的决策与管理过程。在这一过程中,营销者首先要通过调查研究了解消费者的特定需要,并据此研制开发能满足这种需要的产品。然后,在进一步分析消费者行为的基础上,制订市场计划,实施适当的产品、分销、价格与促销策略。

二、微观市场营销学的研究对象

(一)市场营销学的研究对象

市场营销学是一门建立在经济科学、行为科学、现代管理理论基础之上的应用科学,也是一门研究企业经营方略和生财之道,以及企业如何在激烈的市场竞争中求生存、图发展的学问,还是一门研究企业如何更好地满足消费者的需要与欲望的学问。它着重研究企业(卖方)在不断变化的市场中如何有效处理其交换过程和交换关系及市场营销活动过程,提高企业经营效益,实现企业的营利目标。

市场营销学的研究对象是以满足消费者需求为中心的企业营销活动过程及其规律性,即在特定的市场环境中,企业在市场营销研究的基础上,为满足消费者和用户现实的和潜在的需要,所实施的以产品、分销、定价、促销为主要内容的营销活动过程及其客观规律性。

(二)市场营销学的基本内容

市场营销学研究的基本内容依据市场营销学的研究对象而定。从宏观方面来看,市场营销学的内容结构应包括市场营销的理论部分、企业市场营销战略研究和企业市场营销策略研究。由于市场营销学对企业的生产经营活动有着重要影响,因此,市场营销学的全部研究都是围绕着企业的产品适销对路、扩大市场销售而展开的,并为此提供理论、思路和方法。它的核心观念是:企业必须面向市场、面向消费者,必须不断地为消费者提供能满足其需要和欲望的物质产品及劳务,必须适应不断变化的市场环境,在满足消费者需要和欲望的基础上,实现企业目标。就市场营销学的具体内容而言,可归纳为以下五个方面。

1. 市场结构与行为

包括有关市场营销的核心概念、对市场的认识和看法、消费者分析,其中重点分析消费者需求的形成和影响因素以及营销组织,其中包括企业的市场营销观念、企业营销组织调整的研究等。

2. 选择企业的市场机会

包括目标市场的研究、市场细分、对企业所处的市场营销环境的分析(企业的总体环境通常有政治环境、经济环境、社会文化环境、科技环境、法律环境等方面)以及企业的市场定位和营销目标研究等。

3. 企业的营销战略

包括对企业内外部因素的综合研究、分析,选定目标市场,并通过以上环节规划企业的适当战略等。

4. 企业营销策略的规划和执行

包括企业市场营销组合的概念、特征,市场营销组合的规划和执行,其中包括产品策略的制订与执行、价格策略的制订与执行、分销渠道策略的制订与执行和销售促进策略的制订与执行等。

5. 企业营销控制

包括对市场营销执行过程的反馈、调整与修正等。

三、微观市场营销学的内容体系

当代市场营销研究的主流仍然是微观市场营销学。为适应企业产品经营,微观市场营销学日益与经营决策和管理相结合,形成市场营销原理和市场营销管理两大系列(如图1—1)。

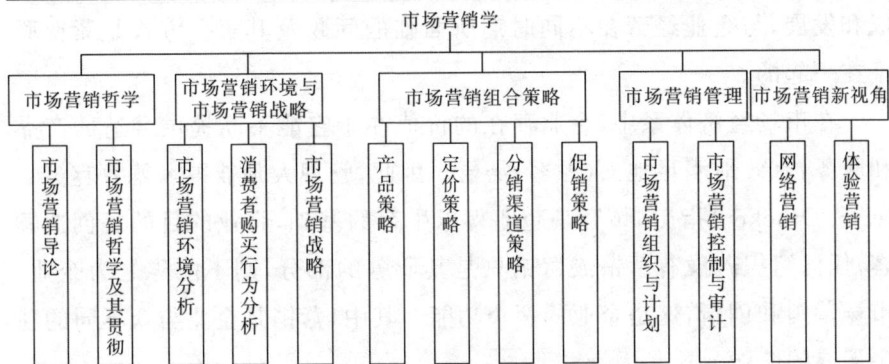

图 1-1 微观市场营销学的内容体系

这一构架包含了营销原理与营销管理的主要内容,具有如下特征。

第一,强调了现代市场营销的基本指导思想,即"满足需求""顾客满意",并将其作为主线贯彻始终。

第二,涵括了现代市场营销的主要概念,并尽可能结合实际具体阐述。从营销的核心概念(交换),到营销管理哲学,再到市场调研、市场细分、目标市场、产品定位等战略要素,以及市场营销组合各策略要素,都一一做了明晰的阐述。

第三,体现了现代市场营销研究的动态性,将营销的研究对象置于"昨天—今天—明天"的发展变化过程之中,面向未来,强调了企业(营销者)与消费者(顾客)之间的信息沟通和"学习"过程的重要性。

第四,突出了现代市场营销的系统协调特性。一方面强调了企业营销系统与更大系统的协调关系,将企业营销与社会经济系统的一些相关系统(如生产领域)协调联系起来;另一方面,也将企业各营销职能作为一个分系统,强调它们之间的"整合"与协调。

第三节 研究市场营销学的意义与方法

一、研究市场营销学的意义

(一)市场营销与企业职能

迄今为止,市场营销的主要应用领域还是在企业。市场营销学的形成和发展,与企业经营在不同时期所面临的问题及其解决方式是紧密联系在一起的。

在市场经济体系中,企业存在的价值在于它能不断提供合适的产品和服务,有效地满足他人(顾客)需要。因此,管理大师彼得·德鲁克(Peter F. Drucker)指出,顾客是企业得以生存的基础,企业的目的是创造顾客,任何组织若没有营销或营销只是其业务的部分,则不能称之为企业。市场营销和创新,这是企业的两个功能。其中,营销是企业与众不同的独一无二的职能。这是因为:

第一,企业作为交换体系中的一个成员,必须以对方(顾客)的存在为前提。没有顾客,就没有企业。

第二,顾客决定企业的本质。只有顾客愿意花钱购买产品和服务,才能使企业资源变成财富,企业生产什么产品并不重要,顾客对他们所购物品的感受与价值判断才是最重要的。顾客的这些感觉、判断及购买行为,决定着企业的命运。

第三,企业最显著、最独特的功能是市场营销。企业的其他职能,如生产、财务、人事职能,只有在实现市场营销职能的情况下,才是有意义的。因此,市场营销不仅以其"创造产品或服务的市场"标准将企业与其他组织区分开来,而且不断促使企业将营销观念贯彻于每一个部门。

(二)研究市场营销学的意义

对一门学科的考察,学者们总爱追根溯源,而对市场营销学的"宗族"与"血统",科特勒教授有形象的解释:市场营销学的父亲是经济学,母亲是行为科学,数学是其祖父,哲学是其祖母。市场营销学由于蕴含着如此"强壮"和"繁杂"的社会科学和自然科学的"基因",因此自身充满活力。市场营销学不仅是发达国家的重要研究科目,而且也日益为更多的发展中国家所吸收和借鉴。近年来,我国理论界和企业界对这门学科也倾注了极大的热情与关注,自20世纪70年代末开始,越来越多的人加入这门学科的研究行列,许多企业在运用市场营销理论指导实践的过程中收效显著,客观上推动了我国在市场营销学方面的研究进程,我国市场营销学的普及之迅速、范围之广,令世人惊讶。但同时我们也应当看到,市场营销学在我国仍然是一门新的学科,需要更多的企业家和理论研究工作者深入研究、探索，努力创新，抓住重要的战略机遇期，尽快赶上与超过世界先进水平。

市场营销学是一门实践性很强的应用科学，认真学习和研究市场营销学，借鉴他国经营现代企业的经验和方法，提高企业营销素质，增强企业活力和竞争力，对于在国内外激烈的市场竞争中取胜，加速我国社会主义经济建设的步伐，具有重要的现实意义。

第一，学习市场营销学，有利于更好地满足经济社会发展的需要。在社会主义市场经济条件下，无论是国有企业还是民营企业，从事生产经营的最终目的都是为了实现利润目标。所以，学习市场营销学，可以帮助企业研究消费者需求和购买行为，帮助企业研究如何面对市场环境变化所带来的机会或威胁，按市场需求组织产品的生产和经营，优化资源配置，提高生产效率，从而更好地满足消费者的现实需要与潜在需要，进而满足经济社会发展的需要。

第二，学习市场营销学，有利于解决产品的市场实现问题。产品是满足消费者需求的重要载体，要使产品适销对路，就要从充分满足消费者的需要出发，研究企业的产品营销策略如何适应市场形势的要求，就要研究产品生命周期各阶段的特征及应采取的营销策略。这些都是市场营销学所研究的问题。学习市场营销理论，研究并应用营销策略和方法，能加速产品由商品形态向货币形态转化，从而促进解决市场现实问题。

第三，学习市场营销学，有利于增强企业市场竞争力。市场竞争是商品经济的产物，只要有商品生产和商品交换，就会出现市场竞争。面对充满竞争的市场，企业通过学习和运用市场营销原理，了解消费需求，分析市场环境，制订和实施有效的营销组合策略，就会极大地提高企业营销素质，改善经营管理，增强企业的应变能力与竞争能力。

第四，学习市场营销学，有利于进一步开拓国际市场。我国实行的是开放性的经济政策，坚持对外开放，扩大国际贸易与国际经济技术合作，是加快社会主义建设，逐步缩小同发达国家经济差距的一条重要的指导方针。国际市场情况复杂，需求多变，竞争激烈。学习市场营销学，对研究如何开拓国际市场，分析国际市场的类型和特点，掌握国际市场的营销规律以及为开拓国际市场制订相应的国际营销策略等有着很大的帮助。

学习市场营销学,有利于企业更有成效地开拓国际市场,更好地开展对外经济贸易活动。

二、研究市场营销学的方法

(一)市场营销学的传统研究方法

1. 产品研究法

产品研究法即对产品(商品),如农产品、机电产品、纺织品等的营销问题分门别类的研究方法。其优点是具体实用,缺点是有许多共同的方面造成重复。这一方法的研究结果形成了各大类产品的市场营销学,如农产品市场营销学。

2. 机构研究法

机构研究法即对分销系统的各个环节(机构),如生产者、代理商、批发商、零售商等进行研究的方法。侧重分析研究流通过程的这些环节或层次的市场营销问题,其研究结果形成了批发学、零售学等。

3. 职能研究法

职能研究法研究市场营销的各类职能以及在执行这些职能中所遇到的问题及解决方法。如将营销功能划分为交换职能、供给职能和便利职能三大类,并将之细分为购、销、运、存、金融、信息等内容,分别和综合进行研究,这一方法在西方学术界颇为流行。

(二)市场营销学的现代研究方法

1. 历史研究法

这是从发展变化过程来分析阐述市场营销问题的研究方法。如分析市场营销的含义及变化,工商企业一百多年来营销管理哲学(观念)的演变过程,零售机构的生命周期现象等,从中找出其发展变化的原因和规律性。市场营销学者一般都重视研究对象的历史演变过程,但不把它作为唯一的研究方法。

2. 管理研究法

这是二战后西方营销学者和企业界采用较多的一种研究方法。它是从管理决策角度研究市场营销问题。其研究框架是:将企业营销决策分为目标市场和营销组合两大部分,研究企业如何根据其"不可控变数"即市场环境因素的要求,结合自身资源条件(企业可控因素),进行合理的目标市场决策和市场营销组合决策。管理研究法广泛采用了现代决策论的相关理论,将市场营销决策与管理问题具体化、科学化,对营销学科的发展和企业营销管理水平的提高起了重要作用。

3. 系统研究法

这是一种将现代系统理论与方法运用于市场营销学研究的方法。在管理导向的营销研究中,常常采用这一方法。

企业市场营销管理系统是一个复杂系统。在这个系统中,包含了许多相互影响、相互作用的因素,如企业(供应商)、渠道伙伴(中间商)、目标顾客(买主)、竞争者、社会公众、宏观环境等。一个真正面向市场的企业,必须对整个系统进行协调和整合,使企业外部系统和企业内部系统步调一致、密切配合,达到系统优化,产生增效作用,提高经济效益。

4. 社会研究法

社会研究法主要是指研究市场营销机构开展的各项工作和各种市场营销活动对经济社会发展所产生的影响,其侧重点在于分析研究市场营销活动对经济社会发展的贡献及其所付出的成本。比如,过早地淘汰更新产品造成了社会资源的浪费,片面追求企业的发展和满足市场需求造成了环境污染等。因此,应该研究如何把企业的市场营销目标与社会发展的长远利益结合起来,以指导企业的行为。这种方法提出的课题主要有:市场效率、产品更新换代、广告真实市场等。

营销学的研究方法正在不断创新和发展,这也是这门学科的生命力源泉之一。

第四节　顾客价值与企业顾客让渡价值系统

一、顾客价值

探究顾客价值需从三个方面入手:一是顾客价值构成,即认识顾客价值由哪些因素构成;二是顾客让渡价值,即顾客价值减去为获得这些价值所付出的成本后,顾客实际获得的价值;三是顾客价值、顾客让渡价值与市场营销的关系,即认识顾客价值及其让渡价值的营销意义。

(一)顾客价值构成

顾客价值,也称顾客总价值,是指顾客能够从所购商品或服务中获得的利益总和,包括产品价值、服务价值、人员价值和形象价值。

1. 产品价值

产品价值是由产品的功能、特性、品质、品种与式样等所产生的价值。它是顾客需要的核心内容,也是顾客选购产品的首要因素。因而一般情况下,它是决定顾客购买总价值大小的关键和主要因素。产品价值是由顾客需要决定的,在分析产品价值时应注意:①在经济发展的不同时期,顾客对产品价值有不同的要求,构成产品价值的要素以及各种要素的相对重要程度也会有所不同;②在经济发展的同一时期,不同类型的顾客对产品价值也会有不同的要求,在购买行为上显示出极强的个性特点和明显的需求差异性。因此,要求企业必须认真分析不同经济发展时期顾客需求的共同特点以及同一发展时期不同类型顾客需求的个性特征,并据此进行产品的开发与设计,增强产品的适应性,从而为顾客创造更大的价值。

2. 服务价值

服务价值是指伴随产品实体的出售,企业向顾客提供的各种附加服务,包括产品介绍、送货、安装、调试、维修、技术培训、产品保证等产生的价值。服务价值是构成顾客总价值的重要因素之一。在现代市场营销实践中,随着消费者收入水平的提高和消费观念的变化,消费者在选购产品时,不仅注意产品本身价值的高低,而且更加重视产品附加价值的大小。特别是在同类产品质量与性能大体相同或类似的情况下,企业向顾客提供的附加服务越完备,产品的附加价值越大,顾客从中获得的实际利益就越大,从而购买的总价值越大;反之,则越小。因此,在提供优质产品的同时,努力向消费者提供完善的销售服务,尽可能增加产品的附加价值,是企业增加顾客购买的总价值,进而提高其产品竞争能力的重要途径。

3. 人员价值

人员价值是指企业员工的经营思想、知识水平、业务能力、工作质量与效率、经营作风、应变能力等所产生的价值。企业员工是否树立了顾客导向的经营思想、具有良好的文化素质与修养、掌握更全面的专业知识与市场知识、具有较高的工作效率和令人满意的工作质量,以及应变能力的强弱等,直接决定着企业为顾客提供的产品与服务的质量,决定着顾客购买总价值的大小。一个综合素质较高又具有顾客导向经营思想的员工,会比知识水平低、业务能力差、经营思想不端正的员工为顾客创造更高的价值,从而创造更多满意的顾客,进而为企业创造市场。人员价值对企业、对顾客的影响作用是巨大的,而且这种作用往往是潜移默化、不易度量的。因此,高度重视企业人员综合素质与能力的培养,加强对员工日常工作的激励、监督与管理,使其始终保持较高的工作质量与水平就显得至关重要。

4.形象价值

形象价值是指企业及其产品在社会公众中形成的总体形象所产生的价值。包括企业的产品、技术、质量、包装、商标、工作场所等构成的有形形象所产生的价值,公司及其员工的职业道德行为、经营行为、服务态度、作风等行为形象所产生的价值,以及企业的价值观念、经营哲学等理念形象所产生的价值等。形象价值与产品价值、服务价值、人员价值密切相关,在很大程度上是上述三个方面价值综合作用的反映与结果。形象对于企业来说是宝贵的无形资产,良好的形象会对企业的产品产生巨大的支持作用,赋予产品较高的价值,从而带给顾客精神上和心理上的满足感、信任感,使顾客的需要获得更高层次和更大程度的满足,进而增加顾客购买的总价值。因此,企业应高度重视自身形象的塑造,从而为顾客带来更大的价值。

(二)顾客让渡价值

顾客让渡价值是菲利普·科特勒在《营销管理》一书中提出来的,是指企业转移给顾客的并被顾客感受到的实际价值。他认为,顾客在购买决策过程中,不仅考虑总价值的大小,还会考虑相关成本,即为获得顾客价值所付出的总成本,包括货币成本、时间成本、体力成本和精神成本(其中,通常将体力成本和精神成本统称为精力成本)。顾客总价值与顾客总成本之间的差额,就是顾客感受到的实际价值,也是企业让渡给顾客的实际价值,称为顾客让渡价值。

若将顾客让渡价值用函数的形式表示,即为:

$$CDV = TCV - TCC$$

其中,CDV(Customer Delivered Value 的缩写)为顾客让渡价值。

TCV(即为 Total Customer Value 的缩写)为顾客总价值,是产品价值(Product value)×服务价值(Services value)×人员价值(Personal value)和形象价值(Image value)等因素的函数,即:

$$TCV = F(P_d, S, P_s, I)$$

TCC(即为 Total Customer Cost 的缩写)为顾客总成本,是货币成本(Monetary cost)、时间成本(Time cost)、精力成本(Energy cost)等因素的函数,即:

$$TCC = F(M, T, E)$$

1. 顾客角度

顾客在购买产品时,总希望把有关成本包括货币、时间、精神和体力等耗费降到最低程度,而同时又希望从中获得更多的利益,以使自己的需要得到最大限度的满足。换句话说,顾客在选购产品时,往往从价值和成本两个方面进行比较分析,从中选择出价值最高、成本最低,即顾客让渡价值最大的产品作为优选对象。

一般情况下,顾客购买产品时首先要考虑货币成本的大小,因此,货币成本是构成顾客总成本大小的主要和基本因素。在货币成本相同的情况下,顾客在购买时还要考虑所花费的时间、精神、体力等。因此这些非货币成本支出也是构成顾客总成本的重要因素。

(1)时间成本

在顾客总价值与其他成本一定的情况下,时间成本越低,顾客购买的总成本越小,从而顾客让渡价值就越大。如以服务企业为例,顾客购买餐馆、旅游、银行等服务行业所提供的服务时,常常需要等候一段时间才能进入正式购买或消费阶段,特别是在营业高峰期更是如此。在服务质量相同的情况下,顾客等候购买该项服务的时间越长,所花费的时间成本越大。同时,等候时间越长,越容易引起顾客对企业的不满意感,从而中途放弃购买的可能性亦会增大。反之,亦然。

(2)精力成本

精力成本是指顾客购买产品时,在精神、体力方面的耗费与支出。在顾客总价值与其他成本一定的情况下,精神与体力成本越小,顾客为购买产品所支出的总成本就越低,从而顾客让渡价值越大。因为消费者购买产品的过程是一个从产生需求、寻找信息、判断选择、决定购买到实施购买,以及购后感受的全过程。在购买过程的各个阶段,均需付出一定的精神与体力。如当消费者对某种产品产生了购买需求后,就需要搜集该种产品的有关信息。消费者为搜集信息而付出的精神与体力的多少,会因购买情况的复杂程度而有所不同。就复杂购买行为而言,消费者一般需要广泛全面地搜集产品信息,因此需要付出较多的精神与体力。

2.企业角度

企业为在竞争中战胜竞争对手,吸引更多的潜在顾客,就必须向顾客提供比竞争对手具有更多顾客让渡价值的产品,这样才能提高顾客满意程度,进而扩大本企业产品的销售。为此,企业可从两个方面改进自己的工作:一是通过改进产品、服务、人员与形象,提高产品的总价值;二是通过降低生产与销售成本、改善服务,减少顾客购买产品的时间、精神与体力的耗费,从而降低货币与非货币成本。但企业在运用顾客让渡价值理论时应注意以下几个问题。

第一,顾客总价值与总成本的各个构成因素的变化及其影响作用不是各自独立的,而是相互作用、相互影响的。某一价值因素的变化不仅影响其他相关价值因素的增减,从而影响顾客总价值的大小,同时也会影响相关成本因素的变化,从而影响顾客总成本的大小,进而影响顾客让渡价值的大小;反之,亦然。

因此,企业在制订各项市场营销决策时,应综合考虑构成顾客总价值与总成本的各项因素之间的这种相互影响、相互作用的关系,从而用较低的生产与营销费用为顾客提供具有更多让渡价值的产品。

第二,不同顾客群对产品价值的期望与对各项成本的重视程度是不同的。企业应根据不同顾客的需求特点,有针对性地设计和增加顾客总价值,降低顾客总成本,以提高产品的适应价值。例如,对于工作繁忙的消费者而言,时间成本是最为重要的因素,企业应尽量缩短消费者从产生需求到具体实施购买,以及产品投入使用和产品维修的时间,最大限度地满足和适应其求速求便的心理要求。总之,企业应根据不同细分市场顾客的不同需要,努力提供适应性强的产品,这样才能增加其购买的实际利益,减少其购买成本,使顾客的需要获得最大限度的满足。

第三,企业为了争取顾客,战胜竞争对手,巩固或提高企业产品的市场占有率,往往采取顾客让渡价值最大化的策略。追求顾客让渡价值最大化的结果却往往会导致成本增加,利润减少。因此,在实际运营中,企业应掌握一个合理的度的界限,而不应片面追求顾客让渡价值最大化,应确保实施顾客让渡价值所带来的利益超过因此而增加的成本费用。企业顾客让渡价值的大小应以能够达到企业的经营目标为原则。

(三)顾客价值、顾客让渡价值与市场营销的关系

市场营销强调要以内外协同一致的方式,比竞争者更好地满足顾客需求价值。首先,顾客需求的内涵从本质上理解就是顾客价值;其次,比竞争者更好地满足顾客需求的过程,实质是为顾客提供更多让渡价值的过程;最后,内外协同一致的行动方式,也必须围绕如何为顾客创造及传递更多让渡价值来设计与执行。

由此,我们可以推导出顾客价值、顾客让渡价值与市场营销的关系:第一,市场营销活动的开展,起始于对顾客价值的探究;第二,市场营销活动的成败,取决于是否能够为顾客提供更多的让渡价值。

二、企业顾客让渡价值系统

企业要想提高顾客让渡价值、实现顾客让渡价值最大化,单靠市场营

销一个部门是不可能完成的。企业通过顾客让渡价值最大化来体现其竞争优势,而竞争优势来自一个企业在设计、生产、销售、发送等环节过程中所进行的互相联系的活动,其中每一项都有助于企业提高顾客让渡价值,实现竞争优势。迈克尔·波特教授把这一系列活动称之为价值链。除此之外,顾客让渡价值还和企业的供应商和销售渠道的价值链密切相关,因为供应商和销售渠道的活动影响着企业的成本和效益,也影响着企业实现顾客价值最大化。因此,企业要实现顾客价值最大化,需要系统协调其内部创造价值的各分工部门即企业价值链以及由供应商、分销商和最终顾客组成的供销价值链的工作,换句话说,企业顾客让渡价值系统实质上是由企业建立和管理的一个满足顾客让渡价值最大化的让渡价值链,主要包括企业价值链和供销价值链。

(一)企业价值链

价值链的概念是由美国哈佛大学商学院教授麦克尔·波特提出的,它可用来识别企业创造更多顾客价值的各种途径,也即为顾客提供价值的一系列直接目的不同但相互关联的经济活动,其中每项经济活动都是价值链上的一个环节。利用价值链实现网络竞争优势是建立企业顾客让渡价值系统的一个重要内容。

企业价值链由基本增值活动和辅助增值活动两大部分组成。下部为基本活动,是指企业购进原材料、加工生产、将其运出企业、上市销售到售后服务等依次进行的活动,包括内部后勤、生产经营、外部后勤、市场营销、售后服务等五项活动,即一般意义上的生产经营环节,这些活动都与商品实体的加工流转直接相关。上部为辅助性或支持性活动,是辅助基本活动并通过提供采购管理、技术开发、人力资源管理、企业基础设施等以相互支持,支持性活动始终贯穿于基本活动之中。应该指出的是,这里的采购与技术开发等均是广义的概念。采购泛指各项基本活动所需要的各种投入物的采购,不仅包括原材料的采购,也包括其他资源,如外聘的咨询、广告设计、市场调研、信息系统设计等。因此,采购仅有一部分由采购部门负责,其他采购均分散在各有关部门之中;就技术开发而言,可以是支持价值活动中的任何技术,而不仅仅是指适用于和最终产品有着直接联系的技术,也就是说技术开发既包括生产技术,也包括非生产性技术,如决策技术、信息处理技术等。与产品和产品特征有关的技术开发,支持着整个价值链,而其他的技术开发,则是与特定的基本活动或辅助活动相联系的。企业中每项基本活动都有自己的技术开发任务,而其中仅有一部分由研究开发部门来进行;人力资源管理同样存在于各个部门,所有的部门都需要人力资源的管理,人力资源管理支持着单项基本活动和辅助活动,支持着价值链的整个活动;企业基础设施涉及由全部基本活动和辅助性活动所产生的一般管理、计划、财会、会计、法律等事务。

价值链各环节之间互相关联、互相影响,对于提供给顾客的最终价值的大小,不仅取决于某个环节的工作质量和效率,而是取决于价值链整体上能否形成最大的顾客价值。①某一环节的好坏不仅影响自己,而且会影响其他环节的成本和效益。②每一环节对其他环节的影响程度取决于它在价值链上的位置。按产品生产与销售全过程来分析,企业创造价值的活动分为"上游环节"和"下游环节"。上游环节包括原材料供应、产品开发和生产加工,下游环节包括成品储运、市场营销和售后服务。上游环节的中心是创造产品价值,即与产品的技术性紧密相关;下游环节的中心是创造顾客价值,主要取决于顾客服务的质量。③不同行业,价值链构成不同。同一环节,在不同行业中的重要性也不同。销售量越大,交易次数越频繁,价值链下游环节的营销组织体系在价值链上的战略地位就越重要。

因此,企业应做好不同部门之间的系统协调工作,以达到顾客让渡价值最大化。一般情况下,企业各部门常从本位利益出发,强调本部门利益的最大化,结果是削弱了企业为顾客服务的能力,进而影响企业的整体利益。为了避免各部门缺乏配合协调,解决涉及跨部门的投入与合作问题,企业关键是要加强对其核心业务流程的管理。一般来说,企业的核心业务流程有以下几种形式:一是新产品的实现流程,它包括发现、研究以及成功制造新产品的所有活动,这些活动必须快速、高质量,而且要达到预定成本目标;二是存货管理流程,它包括开发和管理合理储运地点的活动,以使原材料、半成品和成品能实现充分供给,而不至于因为库存过大或库存不足而造成成本上升;三是订货—汇总流程,包括接受订货、核准销售、按时送货以及收取货款等活动;四是顾客服务流程,包括顾客在公司内很顺利地找到适当的当事人,以得到迅速、满意的服务、回答的活动。

上述四种核心业务流程对企业实现内部协调、提高顾客让渡价值具有重要作用。其中,新产品的实现流程可以根据顾客的需求及时生产出高质量的产品,从而提高企业的产品价值;存货管理流程可以最大限度地降低企业的生产成本和储运成本,从而降低顾客采购时的货币成本;订货—汇总流程和顾客服务流程可以及时准确地发送货物、收取货款、为顾客提供满意的服务,从而提高企业的服务价值,降低顾客的采购成本,实现顾客让渡价值最大化。

(二)供销价值链

随着社会分工越来越细化,产业间的协调与联系也随之越来越重要,竞争的加剧使企业单独作战很难体现竞争优势,必须与其供应商及销售渠道建立起密切的价值链关系,从而实现网络竞争优势。企业利用价值链之间的纵向联系,加强其与供应商及销售渠道的合作,能提高顾客整体价值,降低顾客购买成本,从而实现顾客让渡价值最大化。

美国著名的牛仔服装制造商李维·斯特劳斯公司在与其供应商和分销公司的合作过程中,建立了一个典型的价值让渡系统。

李维·斯特劳斯公司认为,商品是由需求推动的,而不是供应商推动的。根据这一思想,他们建立了一个"快速反应"系统。这个系统不是根据当前需求的预计差异安排生产,而是按照准确的市场信息来安排生产的。李维公司每天晚上都通过电子信息系统了解他的重要零售商西尔斯公司和其他商店出售的牛仔服式样和尺码,同时也通过电子信息系统向其布料供应商米里肯公司订购第二天所要的货料,而米里肯公司则向纤维供应商杜邦公司订购纤维。通过这种方式,使供应链上的成员利用最近的销售信息来生产产品。这样,就形成了一个及时保证商品供应的价值让渡系统。由于李维·斯特劳斯公司建立了比其他竞争对手更有效的价值让渡系统,其在利润、市场份额方面均占有更多的优势,同时也改变了公司与竞争对手竞争的模式。过去公司把供应商、销售商看成降低成本的中心,甚至是对头,现在公司与供应商、销售商结成一个利益共同体,共同制订互利战略。这样,企业之间的竞争就转换成了若干个竞争者组成的不同价值让渡系统之间的竞争。

关于企业顾客让渡价值系统,需要注意以下两个问题。第一,在顾客让渡价值系统中,顾客价值是由顾客价值让渡链上各个经济活动环节共同创造的,不能将自己的活动看成营销中唯一的和主要的。就生产制造企业来说,生产制造企业生产出产品,仅仅是创造这个价值链中应该创造的顾客总价值的一部分,只有将整个价值让渡系统的效率加以改善,才能最终提高顾客价值。第二,营销不只是生产制造企业中营销或营销部门的事情,也不只是生产制造企业的事,营销负责制定和管理一个卓有成效的价值让渡系统,以最小的耗费将顾客价值从卖方传送到顾客手中,为此,应建立一个效率极高的顾客价值让渡系统。

第二章　市场购买行为分析

第一节　消费者市场购买行为分析

一、消费者市场的特点

消费者市场又称消费者市场或生活资料市场,是指个人或家庭为了生活消费而购买产品或服务的市场。生活消费是产品和服务流通的终点,因而消费者市场也称为最终产品市场。

消费者市场与其他市场相比较,具有如下特点。

(一)广泛性

生活中的每一个人都不可避免地发生消费行为或消费品购买行为,从而成为消费者市场的一员,因此,消费者市场人数众多,范围广泛。

(二)分散性

消费者的购买单位是个人或家庭。一般而言,家庭商品储藏地点小、设备少,买大量商品不易存放;家庭人口较少,商品消费量不大;再者,现代市场商品供应丰富,购买方便,随时需要,随时购买,不必大量储存,导致消费者每次购买数量零星,购买次数频繁,易耗的非耐用消费品更是如此。

(三)复杂性

消费者受到年龄、性别、身体状况、性格、习惯、文化、职业、收入、教育程度和市场环境等多种因素的影响而具有不同的消费需求和消费行为,所购商品的品种、规格、质量、花色和价格千差万别。

（四）易变性

消费需求具有求新求异的特性,要求商品的品种、款式不断翻新,有新奇感,不喜爱一成不变的老面孔。许多消费者对某个新品种、新款式的共同偏好就形成了消费风潮,这与科学技术的进步并无必然联系,只是反映消费心理的变化。商品的更新并不表示质量和性能有所改进,只是反映结构和款式等形式上的变化。随着市场商品供应的丰富和企业竞争的加剧,消费者对商品的挑选性增强,消费风潮的变化速度加快,商品的流行周期缩短,千变万化,往往令人难以把握。

（五）发展性

人类社会的生产力和科学技术总是在不断进步,新产品不断出现,消费者收入水平不断提高,消费需求也就呈现出由少到多、由粗到精、由低级到高级的发展趋势。"发展性"与"易变性"都说明消费需求的变化,区别在于"易变性"说明变化的偶然性和短期现象,"发展性"说明变化的必然性和长期趋势;"易变性"说明与科技进步无必然联系的变化,"发展性"说明与科技进步有关的变化。

（六）情感性

消费品有千千万万,消费者对所购买的商品大多缺乏专门的甚至是必要的知识,对质量、性能、使用、维修、保管、价格乃至市场行情都不太了解,只能根据个人好恶和感觉做出购买决策。多属为非专家购买,受情感因素影响大,受企业广告宣传和推销活动的影响大。

（七）伸缩性

消费需求受消费者收入、生活方式、商品价格和储蓄利率影响较大,在购买数量和品种选择上表现出较大的需求弹性或伸缩性。收入多则增加购买,收入少则减少购买。商品价格高或储蓄利率高的时候减少消费,商品价格低或储蓄利率低的时候增加消费。

（八）替代性

消费品种类繁多,不同品牌甚至不同品种之间往往可以互相替代。

如"立白"牌洗衣粉和"雕牌"洗衣粉可互相替代,羽绒服与皮衣虽属不同种类也可互相替代。由于消费品具有替代性,消费者在有限购买力的约束下对满足哪些需要,以及选择哪些品牌来满足需要必然慎重地决策且经常变换,导致购买力在不同产品、品牌和企业之间流动。

(九)地区性

同一地区的消费者在生活习惯、收入水平、购买特点和商品需求等方面有较大的相似之处,而不同地区消费者的消费行为则表现出较大的差异性。

(十)季节性

分为三种情况:一是季节性气候变化引起的季时性消费,如冬天穿棉衣,夏天穿单衣;热天买冰箱,冷天买电热毯等;二是季节性生产引起的季节性消费,如春夏季是蔬菜集中生产的季节,也是蔬菜集中消费的季节;三是风俗习惯和传统节日引起的季节性消费,如端午节吃粽子,中秋节吃月饼等。

由于消费者购买行为具有以上特点,这一方面给企业营销带来了挑战,使得营销管理变得复杂和难以确定;另一方面也给企业营销带来了机会,使得企业可以通过营销影响甚至改变消费者的消费决策,从而加大企业营销的空间。关键是要根据不同消费者的不同特点,制定有针对性的营销措施。比如:针对分散性和频繁性购买的特点,要求企业要广设销售网点,方便消费者购买;针对易变性和伸缩性特点,要求市场营销者进行正确的、有技巧的引导和沟通,从而影响、说服消费者做出有利于自己的选择。

二、消费者购买行为模式

消费者的消费行为是一种满足需要的行为。消费者行为研究是研究消费者究竟是如何选择、购买、使用和处置商品或服务以满足他们的需求和欲望的。早期,营销人员能够通过日常销售的经验很好地了解消费者。

但是,企业和市场规模的扩大使许多营销决策者难以与消费者直接接触,营销管理者不得不越来越多地借助于消费者调研,借以了解消费者的购买行为。

营销人员在制定营销策略时,所要研究的消费者购买行为主要由 7 个问题组成:

①本企业的市场由哪些人构成?

②目前消费者市场需要什么样的产品?

③消费者为什么购买这种产品?

④哪些人会参与该产品的购买?

⑤消费者怎样购买这种产品?

⑥消费者何时购买这种产品?

⑦消费者在何处购买这种产品?

只有准确地回答以上七个问题,才能全面了解消费者购买行为,从而为制定正确的、有针对性的营销策略提供前提和保障。

研究消费者购买行为的理论中最有代表性的是刺激-反应模式。市场营销因素和市场环境因素的刺激进入购买者的意识,购买者根据自己的特性处理这些信息,经过一定的决策过程从而产生了购买决定。

消费者购买行为的一般模式,是企业营销部门制定营销战略、满足消费需求、实现营销目标的依据。它能帮助营销者认识研究和把握购买者的内心世界、认识消费者的购买行为规律,并根据企业特点,向消费者进行适当的"刺激",使外在的刺激因素与消费者的内在因素整合,从而影响购买行为并使之产生有利于企业的购买决策。

三、影响消费者购买行为的主要因素

消费者生活在纷繁复杂的社会之中,购买行为受到诸多因素的影响。要透彻地把握消费者购买行为,有效地开展市场营销活动,必须分析影响消费者购买行为的主要因素(表 2—1)。

表 2-1 影响消费者购买行为的主要因素

类型	文化因素	社会因素	个人因素	心理因素
因素	文化 亚文化 社会阶层	相关群体 家庭 身份和地位	经济因素 生理因素 个性 生活方式	动机 知觉 学习 信念与态度

(一)文化因素

1. 文化

文化指人类从生活实践中建立起来的价值观念、道德、理想和其他有意义的象征的综合体。每一个人都在一定的社会文化环境中成长,通过家庭和其他主要机构的社会化过程学到和形成了基本的文化观念。文化是决定人类欲望和行为的基本因素,文化的差异引起消费行为的差异,表现为婚丧、服饰、饮食起居、建筑风格、礼节礼仪等物质和文化生活等方面的不同特点。比如,中国的文化传统是仁爱、信义、礼貌、智慧、诚实、忠孝、上进、尊老爱幼、尊师重教等。

2. 亚文化

每一个国家的文化中又包含若干不同的亚文化群,主要有以下几种。

(1)民族亚文化群

每个国家都存在不同的民族,每个民族都在漫长的历史发展过程中形成了独特的风俗习惯和文化传统。

(2)种族亚文化群

一个国家可能有不同的种族,不同的种族有不同的生活习惯和文化传统。

(3)地理亚文化群

世界上处于不同地理位置的有多个国家,同一国家内处于不同地理位置的各个省份和市县也都有着不同的文化和生活习惯。比如我国对于汽车的消费,以北京为代表的华北地区的消费者更偏好德系车;以上海为代表的长三角地区的消费者更喜欢美系车;而以广州、深圳为代表的珠三角地区的消费者则对日系车情有独钟。

3.社会阶层

社会阶层是社会学家根据职业、收入来源、教育水平、价值观和居住区域对人们进行的一种社会分类,是按层次排列的、具有同质性和持久性的社会群体。社会阶层具有以下特点。

第一,同一阶层的成员具有类似的价值观、兴趣和行为,在消费行为上相互影响并趋于一致。

第二,人们以自己所处的社会阶层来判断各自在社会中占有的高低地位。

第三,一个人的社会阶层归属不仅仅由某一变量决定,而是受到职业、收入、教育、价值观和居住区域等多种因素的制约。

第四,人们能够在一生中改变自己的社会阶层归属,既可以迈向高阶层,也可以跌至低阶层,这种升降变化的程度随着所处社会的社会层次森严程度的不同而不同。

(二)社会因素

1.相关群体

相关群体指能够影响消费者购买行为的个人或集体,换言之,只要某一群人在消费行为上存在相互影响,就构成一个相关群体,不论他们是否相识或有无组织。

(1)按照对消费者的影响强度分类

按照此种分类方法,相关群体可分为基本群体、次要群体和其他群体。

①基本群体,也称为主要群体,指那些关系密切、经常发生相互作用的非正式群体,如家庭成员、亲朋好友、邻居和同小等。这类群体对消费者影响最强。

②次要群体,指较为正式的、日常接触较少的群体,如宗教、专业协会和同业组织等。这类群体对消费者的影响强度次于主要群体。

③其他群体,也称为渴望群体,指有共同志趣的群体,即由各界名人

如文艺明星、体育明星、影视明星和政府要员及其追随者构成的群体。这类群体影响面广,但对每个人的影响强度逊于主要群体和次要群体。

(2)按照对消费者影响的性质分类

按照此种分类方法,相关群体可分为准则群体、比较群体和否定群体。

①准则群体,指人们同意和赞赏其行为并乐意加以仿效的群体。

②比较群体,指人们以其行为作为判断自己身份和行为的依据而并不加以仿效的群体。

③否定群体,指其行为被人厌恶的群体。消费者通常不买那些与否定群体有关的产品。

相关群体对消费行为的影响体现在三个方面:一是示范性,即相关群体的消费行为和生活方式为消费者提供了可供选择的模式;二是仿效性,即相关群体的消费行为引起人们仿效的欲望,影响消费者个人的态度和自我观念及具体商品和品牌的选择;三是一致性,即由于仿效而使消费行为趋于一致。

相关群体对购买行为的影响程度视产品类别而定。据研究,相关群体对汽车、智能手机、服装、香烟、啤酒、食品和药品等产品的购买行为影响较大,对家具、冰箱、杂志等影响较弱。

2.家庭

消费者以个人或家庭为单位购买产品,家庭成员和其他有关人员在购买活动中往往起着不同作用并且相互影响,构成了消费者的"购买组织"。分析这个问题,有助于企业抓住关键人物开展营销活动,提高营销效率。家庭不同成员对购买决策的影响往往由家庭特点决定,家庭特点可以从家庭权威中心点、家庭成员的文化与社会阶层等方面分析。

(1)家庭权威中心点

社会学家根据家庭权威中心点不同,把所有家庭分为 4 种类型:①各自做主型,亦称自治型,指每个家庭成员对自己所需的商品可独立做出购买决策,其他人不加干涉。②丈夫支配型,指家庭购买决策权掌握在丈夫手中。③妻子支配型,指家庭购买决策权掌握在妻子手中。④共同支配型,指大部分购买决策中家庭成员共同协商做出。"家庭权威中心点"会随着社会政治经济状况的变化而变化,由于社会教育水平增高和妇女就业增多,妻子在购买决策中的作用越来越大,许多家庭由"丈夫支配型"转变为"妻子支配型"或"共同支配型"。

(2)家庭成员的文化与社会阶层

家庭主要成员的职业、文化及家庭分工不同,在购买决策中的作用也不同。据国外学者调查,在教育程度较低的"蓝领"家庭,日用品的购买决策一般由妻子做出,耐用消费品的购买决策由丈夫做出。在科学家和教授的家庭里,贵重商品的购买决策由妻了做出,日用品的购买其他家庭成员就能决定。

3.身份和地位

每个人的一生会参加许多群体,如家庭、公司、俱乐部及各类组织。一个人在群体中的位置可用身份和地位来确定。身份是周围的人对一个人的要求或一个人在各种不同场合应起的作用。比如,某人在女儿面前是父亲,在妻子面前是丈夫,在公司是经理。每种身份都伴随着一种地位,反映了社会对他的总评价。消费者做出购买选择时往往会考虑自己的身份和地位,企业把自己的产品或品牌变成某种身份或地位的标志或象征,将会吸引特定目标市场的顾客。当然,人们以何种产品或品牌来表明身份和地位会因社会阶层和地理区域的不同而不同。

(三)个人因素

个人因素指消费者的经济因素、生理因素、个性、生活方式等对购买行为的影响。

1.经济因素

经济因素指消费者可支配收入、储蓄、资产和借贷的能力。经济因素是决定购买行为的首要因素,决定着能否发生购买行为,以及发生何种规模的购买行为,决定着购买商品的种类和档次。比如,我国中等收入的家庭会谨慎选择购买汽车,低收入家庭只能购买基本生活必需品以维持温饱。

世界各国消费者的储蓄、债务和信贷倾向不同。营销人员应密切注意居民收入、支出、利息、储蓄和借款的变化,这些因素对价格敏感型产品更为重要。

2. 生理因素

生理因素指年龄、性别、体征(高矮胖瘦)、健康状况和嗜好(比如饮食口味)等生理特征的差别。生理因素决定着消费者对产品款式、构造和细微功能有不同需求。比如,儿童和老人的服装要宽松,穿脱方便;身材高大的人要穿特大号鞋;江浙人嗜甜食,四川人嗜麻辣食物;病人需要药品和易于消化吸收的食物。

3. 个性

个性指一个人的心理特征。个性导致对自身所处环境相对一致和连续不断的反应。个性特征有若干类型,如外向与内向、细腻与粗犷、谨慎与急躁、乐观与悲观、领导与追随、独立性与依赖性等。一个人的个性影响着消费需求和对市场营销因素的反应。比如,外向的人爱穿浅色衣服和时髦的衣服,内向的人爱穿深色衣服和庄重的衣服;追随性或依赖性强的人对市场营销因素敏感度高,易于相信广告宣传,易于建立品牌信赖和渠道忠诚,独立性强的人对市场营销因素敏感度低,不轻信广告宣传;家用电器的早期购买者大都具有极强的自信心、控制欲和自主意识。

4. 生活方式

生活方式指一个人在生活中表现出来的活动、兴趣和看法的模式。不同的生活方式群体对产品和品牌有不同的需求。营销人员应设法从多种角度区分不同生活方式的群体,如节俭者、奢华者、守旧者、革新者、高成就者、自我主义者、有社会意识者等,在设计产品和广告时应明确针对某一生活方式群体。比如,保龄球馆不会向节俭者群体推广保龄球运动,名贵手表制造商应研究高成就者群体的特点,以及如何开展有效的营销活动,环保产品的目标市场是社会意识强的消费者。

(四)心理因素

消费者的购买行为还受到动机、知觉、学习及信念与态度等主要心理因素的影响。

1.动机

消费者购买某种商品的原因十分复杂,难以一一分析,这里着重了解关于人们行为和动机的一些基本理论。

(1)需要层次论

美国行为科学家马斯洛(A. H. Maslow)提出了需要层次论,将人类的需要分为由低到高的 5 个层次,即生理需要、安全需要、社交需要、尊重需要和自我实现需要。

①生理需要,指为了生存而对必不可少的基本生活条件产生需要。如由于饥渴冷暖而对吃、穿、住产生需要,它保证一个人作为生物体而存活下来。

②安全需要,指维护人身安全与健康的需要。如为了人身安全和财产安全面对防盗设备、保安用品、人寿保险和财产保险产生需要;为了维护健康而对医药和保健用品产生需要等。

③社会需要,指参与社会交往,取得社会承认和归属感的需要。在这种需要的推动下,人们会设法增进与他人的感情交流和建立各种社会联系。消费行为必然会反映这种需要,如为了参加社交活动和取得社会承认而对得体的服装和用品产生需要;为了获得友谊而对礼品产生需要等。

④尊重需要,指在社交活动中受人尊敬,取得一定社会地位、荣誉和权力的需要。如为了在社交中表现自己的能力而对教育和知识产生需要,为了表明自己的身份和地位而对某些高级消费品产生需要等。

⑤自我实现需要,指发挥个人的最大能力,实现理想与抱负的需要。这是人类的最高需要,满足这种需要的产品主要是思想产品,如教育和知识等。

马斯洛需要层次论可进一步概括为两大类,第一大类是生理的、物质的需要,包括生理需要和安全需要;第二大类是心理的、精神的需要,包括社交需要、尊重需要和自我实现需要。马斯洛认为,一个人同时存在多种需要,但在某一特定时期每种需要的重要性并不相同。人们首先追求满足最重要的需要,即需要结构中的主导需要,它作为一种动力推动着人们的行为。当主导需要被满足后就会失去对人的激励作用,人们就会转而注意另一个相对重要的需要。一般而言,人类的需要由低层次向高层次发展,低层次需要满足以后才追求高层次的满足。例如,一个食不果腹、衣不蔽体的人可能会铤而走险而不考虑安全需要,可能会向人乞讨而不考虑社会需要和尊重需要。

马斯洛的需要层次论最初应用于美国的企业管理中,分析如何满足企业员工的多层次需要以调动其工作积极性,之后被用于市场营销中分析多层次的消费需要并提供相应的产品来予以满足。例如,对于满足低层次需要的购买者要提供经济实惠的商品,对于满足高层次需要的购买者应提供能显示其身份地位的高档消费品,还要注意需要层次随着经济发展而由低级向高级的发展变化。

马斯洛需要层次论在一定程度上分析了人类的需要结构及需要变化的一般规律,但是在探讨需要从一个范畴到另一个范畴的运动时有不足之处,可用美国另一位心理学家奥尔德佛的"ERG"理论加以补充。奥尔德佛认为,人同时存在三种需要,即存在的需要(Existence),关系的需要(Relationship)和成长的需要(Growth)。同时他还提出了三个概念:①"需要满足"。在同一层次的需要中,某个需要只得到少量的满足时,会强烈地希望得到更多的满足。这时,消费需要不会指向更高层次,而是停留在原有的层次,向量和质的方面发展。②"需要加强"。低层次需要满足得越充分,高层次的需要就越强烈,消费需要将指向更高层次。③"需要受挫"。高层次需要满足得越少,越会导致低层次需要的膨胀,消费支出会更多地用于满足低层次需要。奥尔德佛指出了这样一个事实:需要的变化不仅是"满足—前进",也有可能是"受挫—倒退"。

(2)精神分析论

精神分析论的创立者为弗洛伊德,他把人的心理比作冰山,露在水面上的小部分为意识领域,水下的大部分为无意识领域,造成人类行为的真正心理力量大部分是无意识的,这个无意识由冲动、热情、被压抑的愿望和情感构成。无意识动机理论建立在三个体系基础之上,即本我、自我和超我。

①本我。它是心理体系中最原始的、与生俱来的、无意识的结构部分,由遗传的本能、冲动、欲望等组成,是所有行为后面心理动力的来源。机体内部和外部的刺激使机体产生高度的紧张状态,本我的唯一机能就是直接释放心理能量和降低紧张,因而本我完全按照快乐原则运转,尽可能地把紧张降低到最低限度,寻求快乐,避免痛苦,一味地满足生来就有的本能的需要。本我是人的心理本质,是最原始的主观实在,是个体在获得外界经验之前就存在的内部世界,是无理性、无逻辑、无意识的,也不具有任何价值、伦理和道德的因素。任何本我的活动只能出现两种情况:或者得到满足把能量释放出来,或者屈从于自我的调节。处于后一种情况时,能量处于约束状态,未能释放出来。

②自我。自我是从本我中分化出来并得到发展的那一部分,处于本我和外部世界之间,是与外界接触的体系,统管个人的行为。自我按照现实原则行事,现实原则是推迟能量的释放,直到真正满足需要的对象被发现和产生出来为止。自我遵循现实原则,并不废除快乐原则,只是迫于现实而暂缓实行快乐原则,最终还是避苦趋乐。自我必须实行本我的意图,找出能够实现本我意图的条件,最终完成任务。健康的自我能够靠压抑或升华作用把本我的盲目冲动引入社会认可的轨道。自我占据着人格的中心部分进行知觉、学习、记忆和推理等。

③超我。它是在人格诸领域中最后形成的,反映社会的各项准则,由理想、道德、良心等组成。它的运转是反对本我的不可接受的冲动,而不会同自我一样寻求延长或保持它们。超我追求至善至美,不考虑现实原则和快乐原则。超我主要也是无意识的,代表理想而不是行动。

本我、自我和超我的关系是:本我是生长进化的产物,是生理遗传的心理表现;自我是客观现实相互作用的产物,是较高级精神活动过程;超我是社会化的产物,是文化传统的运载工具。自我把本我的一部分分离出来,代表外界要求,同时使本我和超我协调一致。人类有意识压抑自己的冲动,通过合理化和升华作用等防御机制否定这些冲动,或者用社会上承认的做法去行动。但是这些冲动并未消除,也未能完全加以控制,有时在梦中显现,有时在不经意中脱口而出,有时表现在神经质的行为中。因此,人类的行为是复杂的。弗洛伊德用释梦、自由联想等方法探索无意识。精神分析学说把被传统心理学忽视的无意识心理过程作为理论核心,扩大了心理学研究领域,促进了人类对自身精神世界的认识,具有积极的意义,但是用无意识的本能和欲望来解释社会现象是不可取的。

把弗洛伊德精神分析学说用于购买行为研究的主要代表人物是恩纳斯特·狄希特(Ernest Dichter),他认为研究消费者购买行为必须深入到无意识水平,并设计了多种投射调查法,如语言联想法、语句完成法、图画故事法和角色扮演法等调查无意识动机与购买情景和产品选择的关系。狄希特认为,物内有"精神"存在,消费者把自己投射在各个商品上,购买商品实际是买进自己人格的延伸部分。比如,皮大衣是地位的象征,树木是生命的象征等。根据无意识动机理论,人们并不完全了解自己的动机。比如,某人要购买一台家用电脑,自述其动机为爱好或扩展事业,若深究一步,可能是用购买电脑来加深他人印象;再深究下去,可能是电脑有助于显示他的社会归属。消费者购买产品时,不仅会对产品功能和质量有所反应,对于与产品有关的其他事项也都有反应,如产品的大小、形态、重量、材料、颜色和购物环境都能引发某些情绪。生产企业设计产品时应了解视觉、听觉和触觉对激发消费者情绪的影响,以刺激或抑制消费者购买行为。

(3)双因素理论

弗雷德里克·赫茨伯格(F. Herzberg)于1959年创立双因素理论,也称为动机保健理论,首先应用于行为科学。其要点是把动机与工作满足联系起来。提出工作满足与不满足两类因素,前者称为动机需要,后者称为保健需要。动机需要包括成绩、承认、工作本身、个人发展和提升,这些可推动职工努力工作,从工作中获得满足。保健需要包括与工作性质无关的一些因素,如工作条件、福利待遇、管理条例、公司的经营和政策等。二者的区别在于:如果保健需要得不到满足,就会导致工作不满足,但是仅仅满足保健需要却不能产生工作满足,只有动机需要得到满足时才能产生工作满足。

赫茨伯格双因素理论也可用于分析消费者行为。企业用于吸引消费者购买商品的市场营销诸因素可分为保健因素和动机因素两类,保健因素是消费者购买的必要条件,动机因素是魅力条件,在有选择余地的情况下,如果消费者对保健因素不满意,就肯定不会购买;但是仅仅对保健因素满意,也不一定购买,只有对动机因素也满意才会购买。必要条件和魅力条件随着时代、消费动向和产品寿命周期的不同而变化。在电冰箱问世的初期,制冷功能和耐用性是必要条件,而耗电少是魅力条件。随着产品的普及和更新,耗电少成为必要条件,款式成为魅力条件。分析消费者购买动机必须注意分析特定时期的保健因素和动机因素,一般而言,质量、性能和价格等属于保健因素,情感和设计等大多属于动机因素。

2. 知觉

营销实践中往往有这种情况:企业的产品质量和性能优于同类品牌却未受到消费者注意,企业花费大量广告资金传达的品牌信息却被消费者曲解,令营销人员十分困惑。剖析这种现象产生的原因必须了解知觉与知觉的选择性。

知觉指个人选择、组织并解释信息的投入,以便创造一个有意义的外界事物图像的过程。不同的人对同一刺激物会产生不同的知觉,是因为知觉会经历三种过程,即选择性注意、选择性扭曲和选择性保留。

(1)选择性注意

选择性注意指在众多信息中,人们易于接受对自己有意义的信息,以及与其他信息相比有明显差别的信息。比如,一个打算购买手机的人会十分留意手机信息而对电视机信息并不在意,消费者会注意构思新奇的广告而忽视那些平淡的广告。

（2）选择性扭曲

选择性扭曲指人们将信息加以扭曲使之符合自己原有的认识,然后加以接受。由于存在选择性扭曲,消费者所接受的信息不一定与信息的本来面貌相一致。比如,某人偏爱"华为"牌电视机,当别人向他介绍其他品牌电视机的优点时,他总是设法挑出毛病或加以贬低,以维持自己固有的"华为电视机最好"这种认识。

（3）选择性保留

选择性保留指人们易于记住与自己的态度和信念一致的信息,忘记与自己的态度和信念不一致的信息。比如,某人对自己家中使用的"海尔"牌洗衣机非常欣赏,听到别人谈论"海尔"牌洗衣机的优点时会记得很清楚,而当别人谈论他不欣赏的其他品牌洗衣机的优点时则容易忘记。

3. 学习

内在需要引起购买某种商品的动机,这种动机可能在多次购买之后仍然重复产生,也可能在一次购买之后即消失。为何会重复或消失,心理学家认为来自"后天经验",可用"学习的模式"来表述。

（1）驱使力

驱使力指存在于人体内驱使人们产生行动的内在刺激力,即内在需要。心理学家把驱使力分为原始驱使力和学习驱使力两种。原始驱使力指先天形成的内在刺激力,如饥、渴、逃避痛苦等。新生婴儿也知道饿了要吃,渴了要喝,疼了要哭等。学习驱使力指后天形成的内在刺激力,如恐惧、骄傲、贪婪等。成人会担心财产安全、交通安全,希望工作取得成就等,都是从后天环境中学习得到的。

（2）刺激物

刺激物指可以满足内在驱使力的物品。比如,人们感到饥渴时,饮料和食物就是刺激物。如果内在驱使力得不到满足,就会处于"紧张情绪"中,只有相应刺激物可使之恢复平静。当驱使力发生作用并寻找相应刺激物时,就成为动机。

（3）诱因

诱因指刺激物所具有的能吸引消费者购买的因素。所有营销因素均可成为诱因,如刺激物的品种、性能、质量、商标、包装、服务、价格、销售渠道、销售时间、人员推销、展销、广告等。

(4)反应

反应指驱使力对具有一定诱因的刺激物所发生的反射行为。比如是否购买某商品,以及如何购买等。

(5)增强或减弱

增强或减弱指驱使力对具有一定诱因的刺激物发生反应后的效果。若效果良好,则反应被增强,以后对具有相同诱因的刺激物就会发生相同的反应;若效果不佳,则反应被削弱,以后对具有相同诱因的刺激物不会发生反应。

4.信念与态度

(1)信念

信念指一个人对某些事物所持有的描述性思想。例如,某顾客可能认为当地百货公司信誉卓著,商品货真价实,服务热情周到。信念的形成可以基于知识,也可以基于信仰或情感等。顾客的信念决定了企业和产品在顾客心目中的形象,决定了顾客的购买行为。营销人员应当高度重视顾客对本企业或本品牌的信念,如果发现顾客的信念是错误的并阻碍了他的购买行为,就应运用有效的促销活动去予以纠正以促进产品销售。

(2)态度

态度指一个人对某些事物或观念长期持有的好与坏的认识评价、情感感受和行动倾向。态度导致人们对某一事物产生或好或坏、或亲近或疏远的感情。态度使人对相似的事物产生相当一致的行为,因为人们通常不会对每一事物都建立新的态度或做出新的解释和反应,按照已有态度对所接触到的事物做出反应和解释能够节省时间和精力。例如,某人对服装的态度是:生活严谨和有事业心的人都穿庄重的服装,不穿花里胡哨的服装,A品牌服装是庄重的服装,B品牌服装是花里胡哨的服装。基于这种态度,他总是购买A品牌而拒绝B品牌服装。由于人们的态度呈现为稳定一致的模式,所以改变一种态度是十分困难的,需要在其他态度方面做重大调整。企业最好使自己的产品、服务和营销策略符合消费者的既有态度,而不是试图去改变。如果改变一种态度带来的利润大于为此而耗费的成本,则值得尝试。

四、消费者购买决策过程

消费者购买决策过程是消费者购买动机转化为购买活动的过程。不同消费者的购买过程有特殊性,也有一般性,对此加以研究可以更有针对性地开展营销活动,满足需求,扩大销售。

(一)参与购买的角色

消费者在购买活动中可能扮演下列5种角色中的一种或几种。

①发起者。第一个提议或想到去购买某种产品的人。

②影响者。有形或无形地影响最后购买决策的人。

③决定者。最后决定整个购买意向的人。比如买不买,买什么,买多少,怎么买,何时与何地买等。

④购买者。实际执行购买决策的人。比如与卖方商谈交易条件,带上现金去商店选购等。

⑤使用者。实际使用或消费商品的人。

消费者以个人为购买单位时,5种角色可能同时由一人担任。以家庭为购买单位时,5种角色往往由家庭不同成员分别担任。例如,一个家庭要购买一台笔记本电脑,发起者可能是孩子,他认为笔记本电脑有助于提高自己学习的效率;影响者可能是爷爷,他表示赞成;决定者可能是母亲,她认为孩子确实需要,根据家庭目前经济状况也有能力购买;购买者可能是父亲,他有些电器知识,带上现金去商店选购;使用者是孩子。

在以上5种角色中,营销人员最关心决定者是谁。某些产品和服务很容易辨认购买决定者,比如,男性一般是烟酒的购买决定者,女性一般是化妆品的购买决定者,高档耐用消费品的购买决定往往由多人协商做出。国外学者曾提出按购买决定者将产品分为几种类型,如"男主人决定购买为主的产品""女主人决定购买为主的产品"及"夫妻共同决定购买为主的产品"等,各类产品涵盖的内容则因时因地而异。有些产品不易找出购买决定者,则要分析家庭不同成员的影响力,而这种影响力有时很微妙。有学者曾对家庭购买新轿车的情况进行研究,发现在买与不买的问题上,主要由夫妻双方共同决定。但在不同的决策阶段,角色扮演有所变化。"何时买车"的决策,68%的家庭是男主人决定,只有3%的家庭由女主人决定,29%的家庭是共同决定;"买什么颜色的车"的决策,夫妻一方单独决定的各占25%,50%的家庭是共同决定。许多产品的购买还存在着"名义决定者"和"实际决定者"之分。例如,一位男士以为购买空调是自己做出的决策,实际上却是他的妻子起了决定作用。妻子可能是用直接的命令、要求、劝告或威胁,也可能是用含蓄的语言、表情或体态语言表达了自己的要求,操纵了购买决策,丈夫只是"名义决定者"。辨认购买决定者,有助于将营销活动有效地指向目标顾客,制定正确的促销战略。

识别谁是商品的实际购买者也很重要,因为他往往有权部分更改购买决策,如买什么品牌,买多少,何时与何地购买等,企业应据此开展商品陈列和广告宣传活动。

(二)消费者购买行为类型

消费者在购买过程中,会因商品价格、购买数量、频率等的不同,而投入购买的复杂程度不同,究其原因,是受诸多因素影响的,其中最主要的是购买介入程度和品牌差异大小。

购买介入程度指消费者购买风险大小或消费者对购买活动的关注程度。如果产品价格昂贵,消费者缺乏产品知识和购买经验,购买具有较大的风险性和高度自我表现性,则这类购买行为称为高度介入购买行为,这类消费者称为高度介入购买者;如果产品价格低或消费者有产品知识和购买经验,购买无风险或无自我表现性,则称为低度介入购买行为,这类消费者称为低度介入购买者。同类产品不同品牌之间的差异大小也决定着消费者购买行为的复杂性,差异小,无须在不同品牌之间精心选择,购买行为就简单。因此,同类产品不同品牌之间的差异越大,产品价格越昂贵,消费者越是缺乏产品知识和购买经验,感受到的风险越大,购买过程就越复杂。比如,牙膏、打火机与电脑、轿车之间的购买复杂程度显然是不同的。阿萨尔(Assael)根据购买者的购买介入程度和产品品牌差异程度区分出四种复杂程度不同的购买类型。

1.复杂的购买行为

如果消费者属于高度介入,并且了解现有各品牌、品种和规格之间具有显著差异,则会产生复杂的购买行为。复杂的购买行为指消费者购买过程完整,要经历大量的信息收集、全面的产品评估、慎重的购买决策和认真的购后评价等各个阶段。比如,家用电脑价格昂贵,不同品牌之间差异大,某人想购买家用电脑,但又不知硬盘、内存、主板、中央处理器、分辨率、操作系统等为何物,对于不同品牌之间的性能、质量、价格等无法判断,贸然购买有极大的风险。他要广泛收集资料,弄清很多问题,解决很多难题,逐步建立对此产品的信念,然后转变成态度,最后才会做出谨慎的购买决定。

对于复杂的购买行为,营销者应制定策略帮助购买者掌握产品知识,运用媒体和销售人员来宣传本品牌的优点,发动商店营业员和购买者的亲友影响最终购买决定,简化购买过程。

2.减少失调感的购买行为

如果消费者属于高度介入,但是并不认为各品牌之间有显著差异,则会产生减少失调感的购买行为。减少失调感的购买行为指消费者并不广泛收集产品信息,并不精心挑选品牌,购买过程迅速而简单,但是在购买以后会认为自己所买产品具有某些缺陷或其他同类产品有更多的优点而产生失调感,怀疑原先购买决策的正确性。地毯、房内装饰材料、服装、首饰、家具和某些家用电器等商品的购买大多属于减少失调感的购买行为。此类产品价值高,不常购买,但是消费者看不出或不认为某一价格范围内的不同品牌有什么差别,无须在不同品牌之间精心比较和选择,购买过程迅速,可能会受到与产品质量和功能无关的其他因素的影响,如因价格便宜、销售地点近而决定购买。购买之后,会因使用过程中发现产品的缺陷或听到其他同类产品的优点而产生失调感。

对于这类购买行为,营销者要提供完善的售后服务,通过各种途径经常提供有利于本企业和产品的信息,使顾客相信自己的购买决定是正确的。

3. 习惯性的购买行为

如果消费者属于低度介入并认为各品牌之间没有什么显著差异,就会产生习惯性购买行为。习惯性购买行为指消费者并未深入收集信息和评估品牌,没有经过信念—态度—行为的过程,只是习惯于购买自己熟悉的品牌,在购买后可能评价产品,也可能不评价产品。

对习惯性购买行为的主要营销策略如下。

(1)利用价格与销售促进吸引消费者试用

由于产品本身与同类其他品牌相比难以找出独特优点以引起顾客的兴趣,就只能依靠合理的价格与优惠、展销、示范、赠送、有奖销售等销售促进手段吸引顾客试用。一旦顾客了解和熟悉产品,就可能经常购买以至形成购买习惯。

(2)开展大量重复性广告加深消费者印象

在低度介入和品牌差异小的情况下,消费者并不主动收集品牌信息,也不评估品牌,只是被动地接受包括广告在内的各种途径传播的信息,根据这些信息所形成的对不同品牌的熟悉程度来决定选择。消费者选购某种品牌不一定是被广告打动或对该品牌有忠诚的态度,只是熟悉而已。购买之后甚至不去评估它,因为并不介意它。购买过程是:由被动的学习形成品牌信念,然后是购买行为,接着可能有也可能没有评估过程。因此,企业必须开展大量广告使顾客通过被动地接受广告信息而产生对品牌的熟悉感。为了提高效果,广告信息应简短有力且不断重复,只强调少数几个重要论点,突出视觉符号与视觉形象。根据古典控制理论,不断重复代表某产品的符号,购买者就能从众多的同类产品中认出该产品。

(3)增加购买介入程度和品牌差异

在习惯性购买行为中,消费者只购买自己熟悉的品牌而较少考虑品牌转换,如果竞争者通过技术进步和产品更新将低度介入的产品转换为高度介入并扩大与同类产品的差距,将促使消费者改变原先的习惯性购买行为,寻求新的品牌。提高介入程度的主要途径是在不重要的产品中增加较为重要的功能和用途,并在价格和档次上与同类竞争性产品拉开差距。比如,洗发水若仅仅有去除头发污渍的作用,则属于低度介入产品,与同类产品也没有什么差别,只能以低价展开竞争;若增加去除头皮屑的功能,则介入程度提高,提高价格也能吸引购买,扩大销售;若再增加养护头发的功能,则介入程度和品牌差异都进一步提高。

4.多样性的购买行为

如果消费者属于低度介入并了解现有各品牌和品种之间具有显著差异,则会产生多样性的购买行为。多样性的购买行为指消费者购买产品有很大的随意性,并不深入收集信息和评估比较就决定购买某一品牌,在消费时才加以评估,但是在下次购买时又转换其他品牌。转换的原因是厌倦原口味或想试试新口味,是寻求产品的多样性而不一定有不满意之处。

对于寻求多样性的购买行为,市场领导者和挑战者的营销策略是不同的。市场领导者力图通过占有货架、避免脱销和提醒购买的广告来鼓励消费者形成习惯性购买行为。而挑战者则以较低的价格、折扣、赠券、免费赠送样品和强调试用新品牌的广告来鼓励消费者改变原习惯性购买行为。

(三)消费者购买决策过程五阶段

不同购买类型反映了消费者购买过程的差异性或特殊性,但是消费者的购买过程也有其共同性或一般性。西方营销学者对消费者购买决策的一般过程做了深入研究,提出若干模式,采用较多的是五阶段模式。

这个购买决策过程模式适用于分析复杂的购买行为,因为复杂的购买行为是最完整、最有代表性的购买类型,其他几种购买类型是越过其中某些阶段后形成的,是复杂购买行为的简化形式。该模式表明,消费者的购买过程早在实际购买以前就已开始,并延伸到实际购买以后,这就要求营销人员注意购买过程的各个阶段而不是仅仅注意销售。

1. 认识需要

认识需要指消费者确认自己的需要是什么。需要是购买活动的起点,升高到一定限度时就变成一种驱使力,驱使人们采取行动去予以满足。需要可由内在刺激或外在刺激唤起。内在刺激是人体内的驱使力,如饥、渴、冷等。人们由从前的经验学会如何应付这种驱使力,并受到刺激去寻找能满足这种驱使力的物品,如食品、饮料和服装等。外在刺激是外界的"触发诱因"。食物的香味、衣服的款式等都可以成为触发诱因,形成刺激,导致对某种需要的确认。但是需要被唤起后可能逐步增强,最终驱使人们采取购买行动,也可能逐步减弱以至消失。

营销人员在这个阶段的任务主要有以下 2 点。

① 了解与本企业产品有关的现实的和潜在的需要。在价格和质量等因素既定的条件下,一种产品如果能够满足消费者多种需要或多层次需要就能吸引更多的购买。

② 了解消费者需要随时间推移,以及外界刺激强弱而波动的规律性,以便设计诱因,增强刺激,唤起需要,最终唤起人们采取购买行动。

2. 信息收集

被唤起的需要立即得到满足须有 3 个条件:①这个需要很强烈;②满足需要的物品很明显;③该物品可立即得到。当具备这 3 个条件时,消费者满足被唤起的需要无须经过信息收集阶段,也可理解为这个阶段很短、很快、接近于零。在很多情况下,被唤起的需要不是马上得到满足,而是先存入记忆中作为未满足的项目,称为"累积需要"。随着累积需要由弱变强,可分为两种情况:一是"高亢的注意力",指消费者对能够满足需要的商品信息敏感起来。虽然并不有意识地收集信息,但是会留心接受信息,比平时更加关注该商品的广告、别人对该商品的使用和评价等。二是"积极的信息收集",指主动地、广泛地收集该产品的信息。所需信息量取决于购买行为的复杂性。

营销人员在这一阶段的任务具体可以分为以下 3 个方面。

（1）了解消费者信息来源

消费者信息来源有四个：①经验来源。指直接使用产品得到的信息。②个人来源。指家庭成员、朋友、邻居、同事和其他熟人所提供的信息。③公共来源。指社会公众传播的信息，如消费者权益组织、政府部门、新闻媒介、消费者和大众传播的信息等。④商业来源。指营销企业提供的信息，如广告、推销员介绍、商品包装的说明、商品展销会等。

（2）了解不同信息来源对消费者的影响程度

一般来说，消费者经由商业来源获得的信息最多，其次为公共来源和个人来源，最后是经验来源。但是从消费者对信息的信任程度看，经验来源和个人来源最高，其次是公共来源，最后是商业来源。研究认为，商业来源的信息在影响消费者购买决定时只起"告知"作用，而"个人来源"则起评价作用。比如，消费者购买空调，他从广告中得知有哪些品牌，而评价不同品牌优劣时，就向朋友和熟人打听。营销人员应通过市场调查了解消费者的信息来源以及何种来源的信息最有决定作用。

（3）设计信息传播策略

在利用商业来源传播信息外，还要设法利用和刺激公共来源、个人来源和经验来源，也可多种渠道同时使用，以加强信息的影响力或有效性。

3.备选产品评估

消费者在获得全面的信息后就会根据这些信息和一定的评价方法对同类产品的不同品牌加以评价并决定选择。一般而言，消费者的评价行为涉及3个方面。

（1）产品属性

产品属性指产品所具有的能够满足消费者需要的特性。产品在消费者心中表现为一系列基本属性的集合。例如，下列产品各自对应不同的属性。

冰箱：制冷效率高，耗电少，噪音低，经久耐用。

电脑：信息储存量大，运行速度快，图像清晰，软件适用性强。

药品:迅速消除病痛,安全可靠,无副作用,价格低。

宾馆:洁净,舒适,用品齐全,服务周到,交通方便,收费合理。

在价格不变的条件下,一个产品有更多的属性将更能吸引顾客购买,但是会增加企业的成本。营销人员应了解顾客主要对哪些属性感兴趣,以确定本企业产品应具备的属性。

(2)品牌信念

品牌信念指消费者对某品牌优劣程度的总的看法。每一个品牌都有一些属性,消费者对每一个属性实际达到了何种水准给予评价,然后将这些评价连贯起来,就构成他对该品牌优劣程度的总的看法,即他对该品牌的信念。

(3)效用要求

效用要求指消费者对该品牌每一属性的效用功能应当达到何种水准的要求。或者说,该品牌每一个属性的效用功能必须达到何种水准他才会接受。

明确了上述3个问题以后,消费者会有意或无意地运用一些评价方法对不同的品牌进行评价和选择。比如,某人打算购买电视机,收集了A、B、C……等9种品牌的资料,他要求价格不超过3 000元,A、C、E 3种超过此价的品牌被淘汰;他要求画面清晰度要超过9分(按主观标准打分),B、D、F、G 4种未达到9分的品牌被淘汰,还剩下2种品牌供选择。

4.决定购买

消费者经过产品评估后会形成一种购买意向,但是不一定导致实际购买,从购买意向到实际购买还有一些因素介入其间。

一是他人态度。比如,某人决定购买A牌摩托车,但是家人不同意,他的购买意向就会降低。他人态度的影响力取决于3个因素:①他人否定态度的强度。否定态度越强烈,影响力越大。②他人与消费者的关系。关系越密切,影响力越大。③他人的权威性。他人对此类产品的专业水准越高,则影响力越大。

二是意外因素。消费者购买意向是以一些预期条件为基础形成的，如预期收入、预期价格、预期质量、预期服务等，如果这些预期条件受到一些意外因素的影响而发生变化，购买意向就可能改变。比如，预期的奖金收入没有得到，原定的商品价格突然提高，购买时销售人员态度恶劣等都可能导致顾客购买意向改变。

顾客一旦决定实现购买意向，必须做出以下决策：①产品种类决策，即在资金有限的情况下优先购买哪一类产品；②产品属性决策，即该产品应具有哪些属性；③产品品牌决策，即在诸多同类产品中购买哪一品牌；④时间决策，即在什么时间购买；⑤经销商决策，即到哪一家商店购买；⑥数量决策，即买多少；⑦付款方式决策，即一次付款还是分期付款，现金购买还是其他方式等。

5.购后行为

（1）购后评价

购后评价消费者购买商品以后会通过商品使用过程检验自己购买决策的正确性，确认满意程度，作为以后类似购买活动的参考。消费者的购后评价不仅仅取决于产品质量和性能发挥状况，心理因素也具有重大影响。说明消费者购后评价行为有两种基本理论：预期满意理论和认识差距理论。

第一，预期满意理论。这种理论认为，消费者购买产品以后的满意程度取决于购前期望得到实现的程度。如果感受到的产品效用达到或超过购前期望，就会感到满意，超出越多，满意感越大；如果感受到的产品效用未达到购前期望，就感到不满意，差距越大，不满意感越大。可用函数式表示为：

$$S = f(E, P)$$

其中：S表示消费者满意程度，E表示消费者对产品的期望，P表示产品可觉察性能。消费者根据自己从卖主、熟人及其他来源所获得的信息形成产品期望S，购买产品以后的使用过程形成对产品可觉察性能P

的认识,如果 $P=E$,则消费者会感到满意;如果 $P>E$,则消费者会很满意;如果 $P<E$,则消费者会不满意,差距越大就越不满意。根据这种理论,营销企业如果希望实现顾客购后满意,在商品宣传上应实事求是,不能夸大其词,以免造成顾客购前期望高于可觉察性能。

第二,认识差距理论。这种理论认为,消费者在购买和使用产品之后对商品的主观评价和商品的客观实际之间总会存在一定的差距,可分为正差距和负差距两种。正差距指消费者对产品的评价高于产品实际和生产者原先的预期,产生超常的满意感。比如,有的消费者认为自己发现了商品的新功能或新用途,有的消费者根据并不准确的事实或感受夸大了产品的效用。负差距指消费者对产品的评价低于产品实际或生产者原先的预期,产生不满意感。比较而言,负差距远远多于正差距。有的营销学家认为,大多数非日常购买不可避免地会产生购后不满意感或失调感,原因有二:一是任何产品都有其优点与缺点,消费者往往更多地看到缺点、夸大缺点而忽视优点;二是感到别的同类产品比自己所购产品更有吸引力,并在想象中不断完善未购品牌的"优点"。他所看到、听到或想象中的其他品牌的优点越多,对所购商品的不满意感就越大。

消费者对产品满意与否直接决定着以后的行为。如果感到满意,则反应大体相同,即重复购买或带动他人购买该品牌。如果感到不满意,则会尽量减少或消除失调感,因为人的心理机制中存在着一种建立协调性、恢复平衡的驱使力。消费者消除失调感的方式各不相同,第一种方式是寻找能够表明该产品具有高价值的信息或避免能够表明该产品具有低价值的信息,证实自己原先的选择是正确的。消除失调感的第二种方式是讨回损失或补偿损失,比如要求企业退货、调换、维修、补偿在购买和消费过程中造成的物质和精神损失等。如果遭到拒绝,就可能向政府部门、法院、消费者组织和舆论界投诉,力求依靠法律和舆论的力量讨回和补偿损失;还有可能采取各种抵制活动,比如不再购买或带动他人拒买等,通过发泄不满来恢复心理平衡。

企业应当采取有效措施减少或消除消费者的购后失调感。比如,有的电脑销售部门在产品售出以后,请顾客留下姓名、地址、电话等,定期与顾客联系,寄贺信,祝贺他们买了一台理想电脑,通报本企业电脑的质量、服务和获奖情况,提供适用软件,指导顾客正确使用产品,征询改进意见等,还建立良好的沟通渠道处理消费者意见,并迅速赔偿消费者所遭受的不公平损失。事实证明,与消费者进行购后沟通可减少退货和取消订货的情况,如果让消费者的不满发展到向有关部门投诉或抵制产品的程度,企业将遭受更大的损失。

(2)购后使用和处置

消费者购买以后如何使用和处置该产品也应引起营销者注意。如果消费者经常使用甚至为产品找到新用途,则对企业有利。如果消费者将产品闲置不用甚至丢弃,则说明产品无用或不能令人满意。如果消费者把产品转卖他人或用于交换其他物品,将会影响企业产品的销售量。

第二节 组织市场及其购买行为分析

一、组织市场的类型

所谓组织市场,是指由各种组织机构形成的对企业产品和服务需求的总和。它可以分为三种类型。

(一)产业市场

产业市场又叫生产者市场或企业市场,它是指一切购买产品和服务并将之用于生产其他产品或服务,以供出售、出租或供应他人的组织和个人。产业市场通常由以下行业组成:农业、林业、水产业、制造业、建筑业、通信业、公用事业、银行、金融保险业和服务业等。

(二)中间商市场

中间商市场又叫转卖者市场,是指那些通过购买商品和服务以转售或出租给他人而获取利润的个人和组织。中间商作为最终顾客的采购代理,并不创造形式效用,而是创造时间效用、地点效用和持有效用。在较为发达的商品经济条件下,大多数商品都是由中间商经营的,只有极少数商品由生产者直接卖给消费者。

(三)政府市场

政府市场是指那些为执行政府职能而采购或租用产品和服务的各级政府机构,各国政府通过税收和财政等手段,掌握相当大一部分国民收入。为执行政府机构的职能,政府采购十分广泛,形成了一个巨大的市场。

二、组织市场的一般特征

在某种意义上,组织市场同消费者市场具有相似性,二者都是由人充当购买者并做出购买决策的。但是,二者又有很大区别,组织市场在以下方面有别于消费者市场。

(一)市场结构和需求特性

从这一方面来看,组织市场具有如下特征。

第一,同消费者市场相比,组织市场上的购买者数量少,而购买规模却大得多。消费者市场上的消费者数量众多,并且购买次数频繁,购买量少;而组织市场则正好相反,由于生产和资本集中,许多行业甚至由一个或几个大买主垄断。

第二,组织市场在地理位置上更为集中。正是因为如此,企业面对组织市场销售时,可以大幅度降低费用。

第三,组织市场的需求具有派生性。也就是说,组织市场对产品的需求,归根结底是由消费者对消费品的需求引申出来的。例如,棉纺厂将布匹卖给成衣商、成衣商将成衣卖给批发商、批发商再将成衣转卖给零售商、零售商最后将成衣出售给消费看,成衣商之所以购买布匹、中间商之所以购买成衣,归根结底,都是因为消费者需要穿衣服。如果消费者都自已做衣服,则前面的交易过程也就不复存在。

第四,组织市场的许多需要缺乏弹性。即组织市场的需求一般不受价格变动的影响,特别是在短期内。例如,布匹价格的下降就不会导致成衣商大量购买,除非成衣价格也大幅下降从而导致消费者需求急剧上升。

第五,组织市场的需求有较明显的波动性。因为组织市场的需求是一种派生的需求,所以消费者市场需求的少量波动,能导致组织市场需求的巨大波动,有时消费者市场需要只有10%的升降,却可能使组织市场的需求升降200%。这种必然性,西方学者称之为"加速理论"。

(二)购买者的构成

与消费者市场相比,组织市场上的购买者涉及的人较多,并多为专业人员。当涉及重要的、复杂的购买决策时,下至采购员、上至总经理都会参与决策。

(三)购买决策的类型和决策过程

组织市场购买者的决策,通常比消费者的决策更复杂。因为涉及的技术比较复杂、款项也高,所以往往需花费较多的时间反复论证。组织购买者的决策行为也远比消费者更规范,通常由若干技术专家和最高管理层组成采购委员会领导采购工作。

(四)买方和卖方的关系

在组织市场上,买卖双方往往倾向于建立长期业务关系,相互依托。在购买决策过程的各个阶段,从帮助客户确定需要、寻找能满足这些需要的产品和服务、直到售后服务,卖方要始终参与并同客户密切合作。从长期看,组织市场上的营销者要通过为客户提供可靠的服务及预测它们的需要,来与客户建立持久的关系,从而保持自身的销售额。

(五)其他特点

除以上几点外,组织市场的特点还包括以下几点。

1.直接销售

组织市场的购买者通常直接向生产者购买,而不经过中间商,特别是那些技术复杂、价格昂贵的产品,或需要按特定规格制造的产品。

2.互惠贸易

即买卖双方相互购买对方的产品。互惠贸易有时表现为三角或多角关系。

3.租赁业务

机器设备、车辆、飞机等单价高的产品,用户通常需要融资才能购买,而且技术设备更新快,这些都给购买带来困难。因此,组织购买者在购买这些产品时,越来越多地采取租赁方式取得产品。这对促进生产发展和技术进步,有很大好处。

三、产业市场及其购买行为分析

(一)产业市场的购买行为类型

根据产业购买者购买行为的复杂程度,可将之分为 3 种类型。

1.直接重购

直接重购即企业的采购部门按既定方案不做任何修订直接进行的采购业务。这是一种惯例化的采购活动,供应者、购买对象、购买方式等都不变,按一定程序办理即可,基本上无须做新的决策。在这种情况下,列入供应商名单的供应者应尽力将产品和服务保持在一定的水平,并采取其他有效措施以提高采购者的满意程度。未列入名单内的供应商竞争机会较少,可设法从零星小量交易开始,逐步扩大订单。

2.修正重购

修正重购指产业用户为了更好地完成采购任务,修正采购方案,改变产品的规格、型号、价格等条件,或寻求更合适的供应者。在这种情况下,采购活动比较复杂,参与采购决策的人数也较多。原来的供应者为了不失去这个客户,必须尽力改进供应工作;新的供应者则有较多的竞争机会。

3. 新购

新购指产业用户第一次采购某种产品或服务。新购的成本费用越高、风险越大,那么需要参与购买决策的人数和需要掌握的市场信息就越多。这类购买情况最复杂,能为供应者提供平等的竞争机会。为争取用户,供应者应认真做好促销工作,为用户提供必要的信息,以减少用户的顾虑,促成交易。

在三类采购当中,直接重购最简单,新购最复杂。新购通常要做出如下具体决策,即决定产品规格、价格幅度、交货条件和时间、服务条件、支付条件、订购数量、可考虑的供应商和选定的供应商等。其他两类采购业务,只需包括上述内容的几项即可。

(二)影响产业购买者决策的主要因素

虽然产业用户的购买行为较消费者的购买更加理性,更多地从经济的和技术的角度来决定购买。但是产业用户的购买最终还是由具体的人来执行的,他们也有非理性的一面,尤其是在可供选择的商品在质量、价格与服务等方面差别不大的情况下,个人因素对其购买决策往往具有较大的影响。具体说来,影响采购决策的主要因素可归为四大类:环境因素、组织因素、人际因素和个人因素。

1. 环境因素

客观需求水平、经济前景、货币成本等经济环境因素,对产业购买行为影响很大,当经济环境不好、市场疲软时,生产者必然要缩小投资规模,减少采购。此外,科学技术的发展的势、市场竞争环境、政治法律等因素对产业购买者行为也有相当大的影响。

2. 组织因素

生产者在采购工作中都有特定的目标、政策、决策程序、组织结构和管理体制,其中最重要的是购买决策权限的集中或分散程度、采购部门在组织中的地位和级别、采购政策等。产业营销者应尽力了解各种采购组织,细心搜集和积累有关资料,以便做出正确的决策。

3.人际因素

产业用户的采购工作往往受到正式组织以外的各种人际关系的影响。采购中心的各个参与者在权力、地位、志趣和说服力等方面各有不同的特点,如果营销者对此有充分的了解,对于顺利地开展市场营销工作肯定有很大帮助。

4.个人用素

每个参与采购决策的人,其购买行为与购买决策难免受个人因素的影响,而这种个人因素又因个人的年龄、教育水平、职务、个性,以及对风险的态度的不同而异。因此,营销者必须对采购人员个人特性有所了解,处理好人际关系,这将有助于营销业务的开展。

(三)产业购买决策的参与者

产业用户的购买行为,通常由采购人员直接从事订货并成交。但在采购决策过程中,还有一些相关人员也参与购买决策。所有参与决策的人员组成"采购中心",他们有共同的采购目标,并分担决策的风险。采购中心通常由下列成员组成。

1.使用者

使用者即具体使用拟购产品的人员。通常采购某种物品的要求由他们首先提出来,并参与制订采购计划,在品种、规格、型号上具有重要作用。

2.影响者

影响者即企业内部和外部直接或间接影响购买决策的人。他们通常参与评价、选择货源或提供货源信息,其中技术人员是特别重要的影响者。

3.购买者

购买者即具体执行采购任务的人员,他们负责选择供应者并与之谈判签约。在比较重要的采购工作中,通常有企业的高层管理人员参加。

4. 决策者

决策者即在企业中有权批准购买的人。在日常购买中,采购者就是决策者;在复杂的购买中,决策者通常是公司的领导者。

5. 信息控制者

信息控制者即企业外部和内部能控制市场信息流入企业的人员,如代理商、技术人员、接待人员等。

并不是任何购买行为都必须有上述五种成员参与决策的,企业"采购中心"规模的大小和成员的多少会随着采购产品和采购任务的不同而有所不同。如采购计算机肯定要比采购复印纸需要更多的参与者。如果一个企业采购中心的成员较多,供货企业的市场营销人员往往很难接触所有的成员,而只能接触其中的几位。在此情况下,供应者的市场营销人员必须了解谁是主要的决策参与者,以便采取有针对性的措施对他们施加影响。

(四)产业购买者的购买决策过程

产业购买者的购买决策过程的长短及其复杂程度取决于购买行为类型。在直接重购这种最简单的购买情况下,购买过程很短;在修正重购情况下,购买过程较为复杂,而在新购情况下,购买过程最长,要经过八个阶段。下面将针对典型的新购情况对这八个阶段一一描述。

1. 提出需要

采购工作开始于企业内部有人提出对某种产品或者服务的需要,提出需要是由公司内部刺激和外部刺激引起的。就内部刺激而言,通常有如下原因:公司决定生产新产品,需要生产该产品的设备和原料;设备发生故障,需要更新或购买新零件;已购材料不理想,想寻找新的供应商,等等。外部刺激包括展销会、广告或供应商推销人员的访问等,促使采购人员产生新的采购想法。

2. 确定需要

认识到一种需要以后,购买者要进一步明确所需产品的数量和特征,对于标准化的产品来说,这不是问题,但如果产品复杂,采购部就要与技术人员、使用者等共同研究,确定所需产品的数量和一般特征。他们将对产品的可靠性、耐用性、价格及其他属性按重要程度先后加以排列。产业营销者可帮助采购者确定所需产品的特征和数量,以确定其需要。

3.说明需要

总体需要确定后,接下来还要对所需产品的规格型号等技术指标做详细说明。这要由专业人员运用价值分析法来进行。价值分析的目的是降低成本,即认真分析拟购产品的技术性能及其价格之间的关系,在确保使用功能的前提下,尽可能减少所需产品的购入成本,以提高企业的经济效益。价值分析的重点在于检查既定产品中成本较高的零部件,看是否需要重新设计,或实行标准化,或更换成廉价的零部件。最后,经过价值分析,应确定最佳产品特征,由专家小组写出详细的技术说明,作为采购人员购买的依据。

4.寻找供应商

采购人员可以通过查询工商名录或向其他企业及咨询公司咨询等途径,查找潜在的供应商。产业购买者通常总是会拒绝那些不合格的供应商,而对合格的供应商则会登门拜访,察看他们的生产设备,了解其人员配置,通过实际考察物色合适的供应商。供应商应将本企业名称列入工商名录,制订广告计划,建立良好的市场声誉,并强化内部管理,提高产品质量,以提高本企业被选中的机会。

5.索取供应信息

找到备选供应商后,企业可请他们提供供货方案。有的供应商可能只提交产品价目表,有的则能马上派来销售代表。对于技术复杂、金额大的采购项目,应要求他们必须提交供货方案的详细资料。根据各供应商提交的供货方案,购买者将选择最具吸引力的供应商做更加深入的接触。因此,以生产者为目标市场的企业,必须善于编写供货计划,争取用户的信任,以便成交。

6.确定供应商

采购者在收到各个供应商的有关资料之后,要通过全面比较做出选择,供应商产品的质量、价格、企业声誉、交货能力、服务水平等是采购者选购评价的重要依据。采购中心在做最终决定之前,一般还要和那些比较中意的供应商谈判,争取较低的价格和更好的条件。在多数情况下,产业用户不愿依靠单一的供应商,以防陷入被动,通常要确定一个主要供应者,其供应量约占总需要数量的60%,而另外的40%则分散给其他供应商,以便使他们展开竞争,进一步做好供应工作。

7.发出正式订单

供应商确定后,企业将向他们发出正式订货单。订单上列明所需产品的数量、品种、规格、要求的交货期、货款支付和质量担保条件等内容。对于需求较稳定或需要不断维修和提供备件的采购项目,很多企业趋向于与供应商签订"一揽子合同",以避免重复签约的麻烦。这就在供需双方之间建立了长期业务关系。在合同期内,供方必须按约定的条件随时向买方供货,这就等于买方把货存放在供应商那里,因此又称"无库存采购计划"。当需要购货时,买方就通过电脑自动打出订单发给供货商,供货商即按订单供货。这种采购方式有利于保障买方的供应,同时也减少了竞争带给供方的压力。

8.评估履约情况

企业购进产品后,采购部门就会主动与使用部门联系,了解购进产品的使用情况,询问使用者的满意度,并考查各供应者履约情况,以决定今后对各供应者的态度。因此,供应者应认真履行合同,尽量提高买方的满意度。总之,生产者市场是一个极富挑战性的市场,营销者只有充分了解产业用户的需求和采购决策过程,拟订出有效的市场营销计划才能取得营销的成功。

四、中间商市场及其购买行为分析

(一)中间商市场的特点

中间商市场及其购买行为的很多方面都近似于产业市场,但由于中间商既是买者又是卖者,具有转手买卖、贱买贵卖的特点,不参与生产,因而有些方面又明显地不同于产业市场。中间商市场的需求也是由消费者市场的需求派生出来的,所以也可能受最终消费者市场的影响而销路不畅,但中间商市场比产业市场在价格上敏感得多。因为产品价格的变化会直接影响消费需求,而专门从事商品交换的中间商比起生产者能更及时地发现、了解这种变化,并调整购买行为,所以中间商市场的需求弹性比产业市场大。另外,中间商市场买主的规模一般也都较消费者市场大,购买数量也较大,但中间商市场分布较生产者市场分散,较消费者市场集中。这是由中间商的中介地位决定的。

(二)中间商市场的购买者

西方国家中间商的采购业务,在小型商店里,通常由经理或其他人员兼管;在较大的公司里,采购是一项专门的职能,设专职人员担任。然而在不同行业、甚至同一行业的不同公司里,采购组织形式也有所不同。

(三)中间商市场购买行为的类型

狄克森将中间商购买行为分成七种类型。

1.忠实型购买者

这类购买者长期忠实于某一供应商,因而年复一年地向某一渠道进货。

2.机会型购买者

这类购买者善于从备选的多个符合企业长期利益的供应者中选择最有利可图的货源,而不固定于任何一个。

3.最佳条件购买者

这类购买者专门选择在一定时间内能给予最佳交易条件的供应者。

4.创造型购买者

这类购买者会主动向供应商提出他所需要的产品、服务、价格等条件,希望以他的条件成交。

5.广告型购买者

这类购买者在每笔交易中都要求供应者补贴广告费。

6.悭吝型购买者

这类购买者总要求供应者在价格上特别让步,并只接受给予最大价格折扣的供应商。

7.挑选型购买者

这类购买者精明能干,总要挑选价廉物美的货源。

具体购买者个人不同类型的购买行为,往往会对其购买决策产生一定的影响。中间商市场的营销人员只有了解自己面临的是哪种类型的购买者,结合影响中间商购买行为的相关因素,如环境因素、组织因素、人际关系因素和个人因素等综合考虑、系统决策,才能因人而异,促成交易。

(四)中间商的购买决策

中间商首先是顾客的采购代理,因此,他们必须按照顾客的需求来制订采购计划。一般地,中间商必须做以下购买决策:决定经营什么品种或货色,选择供应者,决定按照什么价格和条件购买。其中,货色决策是最基本、最主要的购买决策。这是因为,中间商最后决定经营什么货色,会影响其供应商组合、市场营销组合和顾客组合,从而决定了中间商的市场地位。

中间商可选择的货色战略有四种。

①独家产品,即中间商只经营某一制造商的产品。

②深度搭配,即经营多家制造商生产的同类产品的多种型号、规格。

③广泛货色,经营范围十分广泛,但产品之间都有一定的关联性。如同时经营冰箱、洗衣机、电视机,微波炉等各种家用电器。

④混合货色,即经营许多互不关联的产品,如百货公司,不仅经营家用电器,还经营服装食品、化妆品、文体用品等。

随着科技进步,特别是电子计算机的应用,中间商在预测消费者需求、商品选择、存货控制、店面设计、商品陈列等方面日益精明起来,他们的购买行为也日趋老练。中间商市场的营销者面对这样的客户,要更多地理解中间商需求的多变性,积极帮助中间商更好地满足最终消费者的需求,如提供退货、换货等服务,提供技术咨询等,这些将有助于营销者获得更多中间商的订单。

五、政府市场及公共购买行为分析

政府市场是由那些为执行政府职能而采购或租用商品的各级政府组织机构组成。各个国家的政府通过税收、财政预算,掌握着相当大一部分的国民收入,形成了一个庞大的市场。这个市场的购买目的不同于生产者、产业用户和最终消费者,它完全是为执行其职能而购买的,如为维持军事力量,保卫国家和人民的和平安全而购买;为设立机关以保护每一社会成员的正当权益而购买;为建立和维护私人不愿投资,但有益于人民的公共设施而购买等。

(一)政府市场的购买者

政府市场的购买者是各级政府机构的采购组织。政府市场的各种机构的采购模式和需求特点有所不同,营销者应注意研究。

(二)影响政府市场购买行为的因素

政府市场购买行为除了受环境、组织、人际关系及个人因素的影响外,还特别地受到社会公众的监督。尽管每个国家的政治制度不同,但政府机构的采购工作都要受到不同程度的监督。要打入政府市场,必须详细了解各国政府机构的组成,各级机构的职责及其采购程序。

另外,政府市场购买行为还要受到政治、政策变化的影响。如在和平时期往往会缩减国防开支,减少军需购买;为了鼓励在落后地区办厂,政府往往在那里大量采购商品;为影响产业界竞争力量对比,政府可大量购买需支持企业的产品,等等。营销者在制订和实施营销计划时必须注意到这些影响因素。

(三)政府机构的购买决策过程

政府采购通常采用公开招标和协议签约两种方式进行。它们的购买程序也各不相同。

1.公开招标

公开招标是先由政府在有关媒介上登广告或发出信函,详细说明其采购要求,然后邀请那些有资格的供应者在规定的期限内参加投标,密封递交政府机构,最后在规定日期开标,选择报价最低且符合要求的供应商成交。政府机构采用这种采购方式无须与卖方反复磋商,而且处于较主动的地位,但供应商之间的竞争往往很激烈。

2.协议签约

协议签约是由政府机构和一个或几个供应商接触,最后只跟其中一个符合条件者签订合同,达成交易。协议签约主要用于较复杂、有较大危险、竞争性较小的采购项目,一旦情况有变,可对合同履行情况公开复审,重新谈判。

目前已有越来越多的企业为获得政府这个买主的订单,建立了专门的营销部门。如海尔集团一贯积极参与投标,不仅满足政府的要求,还主动提出多项有效建议,并通过强大的信息网,向政府显示公司的实力,以争取更多的营销机会。

第三章　目标市场营销战略

第一节　市场调查与预测

一、市场调查

(一)市场调查的内容与程序

1.市场调查的概念

市场调查是通过有目的地对一系列资料、情报、信息的收集、筛选、分类和分析,来了解现有的和潜在的市场,并以此为依据做出经营决策,从而达到进入市场、占有市场并取得预期效果的目的。它是企业开展经营活动的前提,为企业经营决策提供依据;有助于企业开拓市场,开发新产品;有利于企业在竞争中占据有利地位;市场调查能促进经营管理的改善,增强销售,增加盈利。

2.市场调查的内容

市场调查的内容比较广泛,企业所面对的问题不同,调查的内容也有所不同,一般来说,市场调查的内容主要涉及以下几个方面。

(1)市场基本环境的调查

企业的任何活动都离不开其所处的外部环境,这些外部环境是客观存在的,不以人的意志为转移,并对企业营销活动提供机遇,或者产生威胁,因此企业要对其进行深入细致的了解,抓住市场机遇,避开威胁。市场基本环境的调查主要包括以下内容。

第一,政治法律环境的调查。政治与法律环境的调查主要是了解对市场产生影响和制约作用的国内外政治方针与政策、政治体制、政策的连续性、政府的稳定性和法规条例等。如对 WTO 的有关规则和每个国家制定的经济法规的调查,对于企业进入国际市场是至关重要的。

第二,经济环境的调查。经济环境对市场活动有着直接的影响,它包括对国家经济的发展水平、消费水平、经济特征、贸易政策和法规的调查。其中消费水平的调查主要是了解消费者个人收入,特别是个人可任意支配的收入变化,消费支出模式的变化,如购买食品的支出比例下降,用于教育、交通、卫生保健、娱乐等方面支出的增加。

第三,社会文化环境调查。每一个地区或国家都有自己传统的思想意识、风俗习惯、思维方式、宗教信仰、价值观等,这些构成了该地区或国家的文化并直接影响人们的生活方式和消费习惯。对于市场营销人员来说,营销活动只有适应当地的文化传统习惯,其产品才能得到当地消费者的认可和接受。

第四,自然环境的调查。自然环境决定了企业的生存方式,它包括自然资源、气候和地理环境。

(2)市场需求的调查

市场是企业营销活动的出发点和归宿点,市场需求调查是市场调查中最基本的内容,它包括消费需求量、消费结构、消费动机等内容的调查。

第一,人口数量。人口量是计算需求量时必须考虑的因素,一般来说人口数量多,市场规模就大,对产品的需求量必然会增加。在调查人口数量的同时,还要调查人口数量的变化、人口老龄趋势、家庭变化、人口流动趋势。

第二,购买力调查。购买力的高低直接影响市场需求量的大小,主要的因素是货币收入的来源、数量、支出方向以及储蓄状况等。

第三,消费结构调查。消费结构调查即调查消费者将其货币收入用于不同产品支出的比例,它决定了消费者的消费投向。

第四,购买动机与行为调查。购买动机是为满足一定的需要,而引起人们购买行为的愿望和意念。消费者购买动机有习惯型购买动机、理智型购买动机、感情型购买动机、冲动型购买动机、经济型购买动机。

（3）市场供给调查

企业在生产过程中除了要掌握市场需求情况外，还必须了解整个市场的货源状况。

第一，商品供应来源的调查。市场中商品供应量的形成有着不同的来源，除了对全部供应量进行调查外，还要进一步了解影响供应量来源的各种因素。

第二，商品的供应能力调查。商品的供应能力调查主要包括企业商品供应能力、企业设备供应能力、企业资金供应能力、企业员工的工作能力的调查。

第三，商品供应范围的调查。商品供应范围实际上就是企业营销的目标市场，在一定时期内市场目标的定位是稳定的，但是随着市场环境和消费者需求的变化，企业的目标也会发生相应的变化，因此及时调查企业产品供应范围的变化，对调整营销策略有着至关重要的作用。

第四，市场营销活动调查。市场营销调查是调查活动中的重要内容，它包括产品调查、价格调查、分销调查和促销调查等。

第五，竞争对手的调查。任何产品在市场上都会遭遇到竞争对手，这种竞争来自同行业的竞争者、潜在的竞争者、替代品的竞争者、卖者讨价还价的竞争和买者讨价还价的竞争。因此要调查分析竞争对手的优势和劣势、市场份额、竞争程度、竞争者的营销战略与策略等。

3. 市场调查的要求

（1）实事求是原则

市场调查工作要把收集到的资料、情报和信息进行筛选、整理，再经过调查人员的分析得出调查结论，供企业经营决策之用。因此要求我们在调查时必须实事求是，尊重客观事实，切忌主观臆断。

（2）时效性原则

市场调查的时效性表现为及时捕捉和抓住市场上任何有价值的情报、信息，及时分析和反馈，为企业在营销过程中适时地制订和调整策略创造条件。

（3）系统性原则

市场调查的系统性表现为应全面收集有关企业生产和经营方针方面的信息资料。在调查时,不仅要了解企业的生产和经营实际,还要了解竞争对手的有关情况;既要认识到企业内部机构设置、人员配备、管理素质和方式等对经营的影响,也要调查社会环境的各方面对企业和消费者的影响。

（4）经济性原则

市场调查是一项费时费力费财的活动。在调查内容不变的情况下,采用的调查方法不同,费用支出也会有所不同;在费用支出相同的情况下,不同的调查方案也会产生不同的效果。因此,调查也要讲求经济效益,力争以较少的投入取得最好的效果。

（5）科学性原则

市场调查不是简单地收集信息的活动,为了在时间和经费允许的情况下获得更多更准确的情报和信息,就必须对调查的过程进行科学的安排。

4. 市场调查的程序

企业实施市场调查将花费大量的人、财、物及时间,调查的结论及建议要能针对企业实际需要,充分发挥其作用,因此在调查中要建立一套系统科学的程序。一般来说,市场调查程序分为三个阶段,即市场调查的企划阶段、市场调查的资料收集阶段和市场调查的资料整理、分析阶段。

（1）市场调查企划阶段

市场调查的企划阶段是市场调查的准备开始工作,这一阶段的内容主要包括确定调查目标、调查项目、选择调查方法、估算调查费用、编写调查建议书等。

（2）市场调查的资料收集阶段

拟订的调查企划建议书经企业主管审查批准后,就进入到调查资料的收集实施阶段,这个阶段的主要任务是组织调查人员按照调查方案的要求和工作计划的安排,通过案头调查和实地调查系统地收集各种资料数据。

(3)市场调查的资料整理、分析阶段

市场调查的资料整理、分析阶段是调查全过程的最后一个环节,也是市场调查能否充分发挥作用的关键。它包括资料的整理、分析研究以及市场调查报告的撰写。

(二)市场调查方法

1. 询问调查法

询问调查法是指按事先拟好的调查问卷,通过询问的方式向被调查者了解并收集市场情况和信息资料的一种调查方法。利用这种方法不仅可以了解消费者的消费需求、消费心理、消费习惯等情况,而且还可以对产品质量、价格、性能、技术服务等方面进行了解,以此为基础对市场进行分析。

询问调查法根据调查人员同被调查者接触方式的不同可分为:面谈调查、电话调查、邮寄调查、留置调查等。

(1)面谈调查法

面谈调查法是指调查人员通过面对面地询问和观察被调查者以获取信息资料的方法,它通常采用个人面谈、小组面谈和集体面谈等多种形式。

面谈调查法的优点:方便、灵活,调查问卷回收率高,有利于沟通,能控制问题的次序,获得较多的资料。

面谈调查法的缺点:成本高、时间长,拒访率高,调查的范围有限,被调查者容易受调查人员的影响。

(2)电话调查法

电话调查法是指通过电话向被调查者询问有关问题以获取信息资料的方法。电话调查法的优点:获取信息资料的速度最快、费用低,容易控制,调查范围较广,被调查者不易受调查者在场的心理压力,自由回答问题。

电话调查法的缺点:无法展示产品,了解问题不够深入,访问时间不能过长,不能调查较复杂的问题,被调查者只限于能通电话的地方。

(3)邮寄调查法

邮寄调查法是用邮寄的方法将设计好的调查问卷寄给事先选好的被调查者,要求被调查者根据调查问卷填写后再寄回企业,从而收集信息资料的一种调查方法。

邮寄调查法的优点:调查成本低,调查的范围广泛,被调查者可以充分地回答问题。

邮寄调查法的缺点:回收率偏低,花费时间较长,由于没有调查人员的指导,被调查者在回答问题时容易出现偏题。

(4)留置调查法

留置调查法是指将事先设计好的调查问卷当面交给被调查者,说明填写的要求并留下调查问卷,请被调查者自行填写,再由调查人员定期收回的一种获取信息资料的调查方法。

留置调查法的优点:由于调查人员当面送交调查问卷,并说明填写要求和方法,能减少误差,提高回收率,被调查者有充分的时间回答问题,能较准确回答。

留置调查法的缺点:回收率低,调查受区域范围的限制,难以进行大范围的留置问卷调查,调查费用较高,占用被调查者时间较多。

2.观察调查法

观察调查法是由调查人员直接或通过仪器在现场观察被调查者的行为并记录其行为痕迹来取得第一手资料的调查方法。利用这种方法进行调查,调查人员和被调查者没有直接的接触,调查人员只是通过观察调查者的行为态度和表现来了解情况。观察法的运用方法有人工观察法和机器观察法。

观察调查法的优点:简便易行、比较灵活,被调查者行为表现自然,可以比较客观地、真实地收集第一手资料。

观察调查法的缺点:费用支出较大,不能了解被调查者的内在因素,受时间、空间的限制,只适用于小范围的调查。

3. 实验调查法

实验调查法是指在调查中,通过在一定条件下改变某些变量而保持其他变量不变,以此来衡量这些变量的影响效果,从而取得第一手资料的调查方法。它常用于研究某种商品在改变包装、价格、广告等因素时会产生的效果。

实验调查法的优点:获得的资料客观、具体,能直接、真实地反映情况,方法科学。

实验调查法的缺点:花费的时间比较长、费用高,容易出现可变动因素,难以准确分析。

4. 网络调查法

网络调查法是通过互联网、计算机通讯和数字交互式媒体,按照事先已知的被调查者的 E-Mail 地址或使用平台发出问卷收集信息的调查方法。网络调查的大规模发展源于 20 世纪 90 年代,网络调查具有自愿性、定向性、及时性、互动性、经济性与匿名性。

网络调查的优点:组织简单、费用低廉、客观性好、不受时空与地域限制、速度快。

网络调查的缺点:网民的代表性存在不准确性、网络的安全性不容忽视、受访对象难以限制。

网络调查法的出现是对传统调查方法的一个补充,随着我国互联网事业的进一步发展,网络调查已被更广泛地应用。

(三)问卷设计技巧

问卷是指调查者根据调查目的与要求,设计出由一系列问题、各选答案及说明等组成的向被调查者收集资料的一种工具。

问卷能把采集信息的程式化问题进一步简洁明了化,它是市场调研中经常要用到的方式。问卷的设计技术和问卷的访问技术,一直是调研人员必须掌握的基本功。

1. 调查问卷的主要作用

通过调查问卷的方式把研究目标转化为特定问题,使被调查者更明确问题,通过被调查者选择标准化的答案,可以使调查人员更清楚地记载、记录原始信息,加快资料的收集、整理与分析过程,提高调查工作的效率。

2.问卷设计的原则

在设计调查问卷时,除了要正确地根据调查目的要求确定调查主题和调查项目之外,还要求我们遵循以下原则。

(1)联系性原则

调查问卷中的每一个问题必须是和调查主题密切相关的,那些可有可无的问题或者与调查主题虽有一定的关系,但是被调查者无法回答或者不愿意回答的问题,不宜列入调查问卷中。

(2)可接受性原则

调查问卷的设计要让被调查者容易接受,为了在调查中得到被调查者的配合,在设计调查问卷的时候,从文字到问题的编排都要考虑到能够吸引被调查者乐意参与。

(3)逻辑性原则

在设计调查问卷时,要注意调查问卷中问题的排列顺序,同类问题放在一起,容易回答的问题放在前面,以提高被调查者回答问题的效率。

(4)简明性原则

调查内容要简单明了,调查问卷中的问题不要过多,如果调查内容过多,所花费的调查时间过长,就会引起被调查者的反感,影响调查效果。一般来说,回答问题的时间应该控制在半小时之内。

3.问卷设计的程序

设计调查问卷的基本步骤如下。

第一,明确调查对象的类型。不同的调查对象具有不同的特点,问卷必须针对具体的调查对象的特点而进行设计,这样才能够保证问卷的合理性。

第二,根据调查目的的要求和确定的调查主题,拟订出调查内容提纲。

第三,根据调查主题,确定被调查者项目,被调查者项目并非越多越好,而是要与调查的主题有关。

第四,根据调查对象的特点,按照调查内容提纲,罗列出具体的调查项目,即具体的调查问题,要注意项目之间的逻辑性。

第五,根据不同的问题,确定不同的命题方式。

第六,设计调查问卷的初稿。

第七,将设计好的调查问卷初稿在小范围内进行实验性调查,以便发现问题,如果发现问题要及时修改,力求完善。

第八,修改后定稿并印刷调查问卷。

4. 问卷的内容

第一,问卷开头:问候语、填表说明、问卷编号。

第二,问卷的正文:资料收集、被调查者的基本情况和编码。

第三,问卷的结尾。

5. 问卷的设计方法

在市场调查中要准确而有效地搜集到需要的资料,在调查问卷设计中首先要将调查的问题传达给被调查者,这就必须具备一定的询问调查技术和技巧。问卷设计的方法主要有以下几种。

(1)开放性问题设计方法

对问题的回答未提供任何具体的答案,由被调查者根据自己的想法自由回答,如:

问题1:您认为飘柔洗发水质量存在什么问题?

问题2:您认为飘柔洗发水的包装如何?

过滤法,指调查者对被调查者用一种迂回的询问方式求得回答,然后缩小范围回到主题上来求得回答。

回想法,用于测定调查项目的印象、记忆强度的一种方法,如:

问题1:请您说出您所知道的洗衣粉的品牌。

问题2:请您举出在广告中所看到的化妆品的名称。

(2)封闭性问题设计方法

封闭性问题是指对问题事先设计出各种可能的答案,由被调查者从中选择。

两项选择法：答案只有两项，要求被调查者选择其中之一。

(四)市场调查报告

市场调查从制订调查方案、收集资料、资料的统计分析，到撰写调查报告，是一个完整的活动过程。

1.市场调查报告的类型

市场调查报告的类型可分为一般性报告和专题性报告。

(1)一般性报告

对一般调查概括性写的报告，它要求内容简单明了，对调查方法、资料分析整理过程、资料目录等作简单说明，结论和建议可适当多一些。

(2)专题性报告

为特定目的而进行调查后写的报告，它要求报告详细明确，中心突出，对调查任务中所提出的问题做出回答。

2.市场调查报告的格式

(1)扉页(封皮)

调查报告的标题、调查人姓名、所属单位、报告日期。

(2)序言

简要说明调查的由来和委托调查的原因，它包括调查的目的、对象的概况，市场规模、主要用户的情况、产品市场占有率和主要竞争者的说明等。

(3)正文

从研究的开始到结论的形成及论证。主要包括本次调查研究的主要目的、调查研究所有的方法、市场调查的背景材料、市场调查的结果与建议等。

(4)附件

用来论证、说明或进一步阐述正文的有关情况的资料。

二、市场预测

科学的营销决策，不仅要以市场调研为出发点，而且要以市场需求预测为依据。市场需求预测是在营销调研的基础上,运用科学的理论和方法,对未来一定时期的市场需求量及影响需求的诸多因素进行分析研究,寻找市场需求发展变化的规律,为营销管理人员提供未来市场需求的预测性信息,作为营销决策的依据。

市场预测的意义:市场预测是管理决策职能的重要组成部分;可以预见市场未来发展趋势,为企业确定生产经营方向提供有参考意义的依据;可以预见消费者对商品具体需求变化的趋向及竞争对手供货变化的趋向,有利于企业改进产品设计、增强产品适销对路的能力。

市场需求预测的方法,常用的主要有以下几种。

(一)购买者意向法

市场是由潜在购买者构成的,预测就是估计在给定条件下潜在购买者的可能行为。购买者意向调查法就是通过直接询问购买者的购买意向和意见,据以判断销售量的一种预测方法。

如果购买者的购买意向是明确清晰的,这种意向会转化为购买行为,并且愿意向调查者透露,这种预测法特别有效。如能获得完整资料,预测的准确性就比较高。多用于需求较稳定的生产资料市场的预测。但是,潜在购买者数量很多,难以逐个调查。同时,购买者意向会随着时间转移,故适宜作短期预测。调查购买者意向的具体方法比较多,如直接访问、电话调查、邮寄调查、组织消费者座谈会等。例如,采用概率调查表向消费者调查耐用消费品购买意向,可能收到较好效果。

当然,还要补充调查消费者目前和将来的个人财务状况和对经济前景的预测。然后,耐用消费品制造商即可根据这些调查结果安排自己的生产。在产业市场上,各种调查公司也做这类调查,采用此法预测的结果,大多同实际情况的偏差率在10%以内。

(二)综合销售人员意见法

综合销售人员意见法指通过分别收集销售人员对预测指标估计的最大值、最可能值及最低值及其发生的概率,集中所有参与预测者的意见,整理出最终预测值的方法。这是综合主管人员、基层业务人员及其他有关方面的判断而确定的预测结果,它首先由企业负责人召集销售、计划、生产、财务等部门的负责人或销售人员广泛交换意见,预测产品销售量,然后,将不同人员的预测值进行综合,得出预测结果。

通过销售人员进行市场预测有以下优点。

①销售人员经常接近购买者,对市场当前现状和未来发展趋势有比较新的认识,特别是对技术发展影响较大的商品,他们相对来说更加敏感。

②由于销售人员参与企业预测,因而他们对上级下达的销售配额,能够比较好地贯彻和执行。

当然,对推销人员的推算结果必须做一些必要的修正。他们可能有某种片面性,如天性乐观或悲观;由于近期的成功或挫折,使他们的推测可能走极端;由于所处地位的局限性,他们通常意识不到宏观经济的发展变化及其影响,以及企业整个营销计划对未来市场销售的影响。如果企业熟知每个推销人员在预测时常有的片面性,那么修正后的结果将是相当可信的。因为推销人员毕竟较其他任何人更熟悉、更接近顾客,从而也更能把握未来销售的发展趋势。

(三)专家意见法

专家意见法是一种靠综合专家意见来获得预测的方法。这里说的专家包括经销商、分销商、供货商、营销顾问和贸易协会等。由于他们一般掌握着更多的资料和更好的预测技术,往往能够做出较为可靠的预测。例如,汽车制造公司可定期要求它的分销商们对汽车市场的短期需求做出预测。也有不少企业向一些著名的经济预测专业公司购买关于宏观经济趋势和行业发展的情报。专门从事市场调查预测的公司,较一般厂商掌握更多有价值的情报资料,雇用较多的预测专家,因此,它们对市场需求的发展可能提供更全面的信息。

还有些企业组成特别专家小组对某项特殊问题进行预测,把专家们聚集在一起互相交接意见,得出整个小组的结论,这称为"小组讨论法"。也可要求每位专家单独提出他的预测,然后由专项负责人员将各专家的意见综合起来得出一个结论,这称为"单独预测集中法"。或者由每位专家分别提出个人预测,然后由专项负责人员综合修正后发回各个专家再进行个人预测,专项人员再修正,如此循环往复,直到得出接近统一的结论为止,其特点是各个专家彼此不见面、不知名,这称为"德尔菲(Delphi)法"。

专家意见法按照不同的具体形式,有三种方式。

1. 头脑风暴法

所谓头脑风暴法,就是以专家的创造性思维来索取未来信息的一种直观预测和识别方法。

头脑风暴法一般是在一个专家小组内进行的,通过专家会议,发现专家的创造性思维并获取未来信息。这就要求主持专家会议的人在会议开始时的发言应能激起专家们的思维"灵感",促使专家们感到急需回答会议提出的问题,通过专家之间的信息交流和相互启发,从而诱发专家们产生"思维共振",以达到互相补充并产生"组合效应",获取更多的未来信息,使预测和识别的结果更准确。我国从 20 世纪 70 年代末开始引入头脑风暴法,很快就受到有关方面的重视和采用,按照头脑风暴法来组织专家预测和识别会议。

2. 专家会议法

与头脑风暴法一样,这种调查方法也是以小组座谈会的形式进行的,利用专家群体的专业特长和经验收集具有创造性的信息。这种专家调查采用小组座谈会的形式,邀请 6～12 名专家参加。参加座谈会的专家只能公开发表各自的意见或设想,不对其他专家主张进行讨论,也不能进行私下的交谈,不提出任何集体或权威的意见,以免阻碍个人的思考。

3. 德尔菲法

德尔菲法是头脑风暴法和专家会议法的发展。这种方法由请专家坐在一起面对面地交谈讨论改为背对背地征询意见。

德尔菲法又称专家调查法,此法的应用已遍及经济、社会、工程技术等各领域。德尔菲法用系统的程序,采取不署名和反复进行的方式,先组成专家组,将调查提纲及背景资料提交专家,通过函询收集专家意见,然后加以综合整理,再匿名反馈给各位专家,再次征询意见。轮番征询专家意见后再汇总预测结果,逐步使专家的意见趋向一致,作为最后预测和识别的根据。

特点是专家互不见面,可避免相互影响,且反复征询、归纳、修改,这样反复经过四至五轮,意见趋于一致,结论比较切合实际。我国在20世纪70年代引入此法,已有不少项目组采用,并取得了比较满意的结果。

德尔菲法有三个特点:匿名性,反馈性,收敛性。

专家意见法的主要优点是:①预测过程迅速,成本较低;②在预测过程中,各种不同的观点都可以表达并加以调和;③如果缺乏基本的数据,可以运用这种方法加以弥补。

专家意见法的主要缺点是:①专家意见未必能反映客观事实;②责任较为分散,估计值的权数相同;③一般仅适用于总额的预测,而用于区域、顾客群、产品大类等的预测时,可靠性较差。

(四)市场试销法

在购买者并无详细的购买计划,或购买意向变化无常,或专家估计也难以准确的情况下,可直接进行市场试销。多用于投资大、风险高和有新奇特色产品的预测。在预测某种新产品的销售量,或预测新产品在某一新地区或通过某种新渠道的销售前景时,市场试销法比较适用。

(五)时间序列分析法

时间序列预测法是收集与整理预测事物的过去资料,从中找寻过去该事物随时间而演变的趋势,把它用数学模型表示出来,然后用此模型从事预测。利用此法对市场商品供给、需求和销售进行不同时期的预测,是市场预测的一个重要方法。

许多企业是根据过去的销售实绩,预测未来销售发展趋势的。这首先要通过统计分析方法,证明企业历年的销售数据确实具有连续性的因果关系,然后才可用作预测未来销售发展趋势的依据。

某种产品历年销售量(Y)的时间数列,可按趋势(Trend)、周期(Cycle)、季节(Season)和意外事件(Erratic events)4个主要因素进行分析。

①趋势(T)。人口、资金构成和技术等要素发展变化的基本情况。这可从过去的销售曲线的变化规律中推测出来,也可看作是过去销售曲线的自然延伸。

②周期(C)。经济周期波动的影响,剔除周期性的影响,对中期预测相当重要。

③季节(S)。指一年中销售变化的周期固有模式,如,与日、周、月或季节相关的规律性变动。这种变动往往是与气候、假日、交易习惯,甚至顾客上下班时间相联系的。季节性模式常作为短期销售预测的一种依据。

④偶然事件(E)。包括暴风雪、火灾及其他偶然性的灾害、动乱等。这些因素都是可能遇到而又无法预测的,根据历史资料进行销售预测时,应剔除这些偶然因素的影响,以求得较规范的销售行为模式。

总之,时间序列分析法就是根据上述 4 个要素(T,C,S,E)分析原始销售数列,再结合这些要素预测未来的销售。例如,某电视机商行今年售出 12 000 台新产品,现在预测明年 10 月的销售量。已知长期趋势是每年销售递增 5%,因此,明年的总销售量估计为 12 600(=12 000×1.05)台,但由于经济环境的波动,预计明年的销售量只能达到正常情况下的 90%11 340(=12 600×90%)台。如果每月的销售量相等,那么,月平均销量应是 945(=11 340÷12)台。然而,10 月通常是销售量高于平均值的月份,季节指数为 1.3。因此,预计明年 10 月的销售量可能达到 1 228.5(=945×1.3)台。此外,预期不会发生偶然事件,所以对明年 10 月销售量的最好预计是 1 228.5 台。

把某种经济统计指标的数值,按时间先后顺序排成序列,再将此序列数值的变化加以延伸,进行推算,预测未来发展趋势。

产品销售的时间序列(Y),其变化趋势主要有两种模型。

乘法模型:Y=T×C×S×E

加法模型:Y=T+C+S+E

以过去的资料为基础,利用统计分析和数学方法分析预测未来需求。这种方法的依据是:①过去的统计数据之间存在着一定的关系,而且这种关系利用统计方法可以揭示出来;②过去的销售状况对未来销售趋势有决定性影响,销售额只是时间的函数。

时间序列预测的具体方法很多,下面介绍几种常用方法。

1.简单平均预测法

此法是以历史时期实际销售量的平均值作为预测值,也称"算术平均法"。此法优点是简单易行,缺点是由于将远期销售量和近期销售量等同看待,而未能充分反映市场需求趋势的变化,故在市场有上升、下降等周期性变化时,预测的准确性较低。

2.增量简单平均算术平均法

此法是以历史时期的实际销售量的平均变动值加上最末一期的实际销售量作为预测值。此法适用于各期资料有逐渐上升或逐渐下降的趋势,且上升或下降幅度基本一致的情况。

3.算术移动平均法

此法是把过去若干时期销售实际相加,求其算术平均值,并随时间向后移动,根据最近期的销售量的新数据来不断修改平均值,作为预测期的销售量。此法所选择的期数主要根据历史资料来具体决定,即要包括足够的期数,以抵消随机波动的影响,但期数又不能过多,要除去早期的、作用不大的数据。

4.加权算术平均法

上述几种预测法,都是将各期的变化趋势平均化,但由于近期资料对预测结果的影响程度较大,那么在近期实际资料有明显变化趋势时,还采用这种预测法,就不能反映真实的变化趋势,为减少预测误差,就要采用加权法进行预测。加权算术平均法的特点,是在计算过程中逐步加大近期实际销售量在平均值中的权数,然后予以平均,以确定预测值。权数的确定,是根据以前各期销售实际对预测期的影响程度来确定的,资料期中各期权数之和应等于1。此法对于历史各期资料都给予权数进行计算,但当近期实际资料影响较大时,也可采用加权移动平均法。

(六)统计需求分析法

任何产品的销售都要受多种因素的影响。统计需求分析是运用一整套统计学方法,发现影响企业销售的最重要的实际因素及其影响力大小的方法。经常分析的因素是价格、收入、人口和促销等。统计需求分析法将需求量(Q)看作一个因变量,然后设法将它分解为若干独立变量的函数,即 $Q=f(x_1,x_2,\cdots\cdots x_n)$,运用多元回归分析方法,可找到最主要的影响因素和最好的预测方程式。

第二节 目标市场

市场细分是选择目标市场的前提。在现代企业的营销活动中,不进行市场细分,就难以正确有效地选择目标市场。

一、市场细分的概念

市场细分也称为市场区划、市场分片、市场区隔化,是现代市场营销学中的一个重要的概念。

所谓市场细分就是从区别消费者不同需求出发,根据消费者需求和购买行为的明显的差异性,并以此作为标准将整体市场细分为两个或更多的具有类似需求的消费者群,从而确定企业营销目标市场的过程。每一个消费者群就是一个子市场,每一个子市场都是一个由有相似需求的消费者群组成的,当然每一个子市场之间的需求是不同的,其差异性是很明显的。市场细分就是一个以求大同存小异的原则把整体市场进行分片集合化的过程。

市场细分不是通过产品细分来细分市场,而是以消费需求的差异性为出发点划分不同的消费者群来细分市场。市场细分实质上是辨别具有不同欲望和需求的消费者群并加以分类的过程。市场细分也不同于市场分类。市场分类方法是以企业为中心,为便于掌握市场特征而进行划分的,如按商品的功能和用途不同分类,可将市场分为消费品市场、生产资料市场、服务市场等。而市场细分则立足于消费者,以消费者为中心,出发点在于识别消费需求的特征,以便于企业根据消费者的需要确定其产品结构和营销方向,开展市场营销活动。如按消费者的年龄和需要的产品用途这两个细分标准来分,可将市场细分为儿童服装市场、青年服装市场、中老年服装市场等。

市场细分是市场营销观念发展到现代营销观念后,开始实行目标市场营销战略过程中形成的。

在"大量市场营销"时期,由于受生产观念指导,企业是从产品出发,把消费者看作是具有同样需求的整体市场,所以大量生产单一品种的产品,采用普遍广泛的分销方式,同样的广告宣传方法。这样做虽然可以降低成本,降低售价获得较多的利润,但是消费者就不得不购买品种单调的产品。这时候,不同企业之间的竞争主要表现在价格上,市场区分也只有高价产品市场、低价产品市场。

随着科学技术的推动、生产力的发展,在市场推销观念指导下,严重的"生产过剩"迫使企业开始实行"产品差异市场营销",生产多种产品,把外观、质量、式样、型号不同的产品推销给所有的消费者。但是,这时的产品差异不是由市场细分产生的,而是产品的细分。到 20 世纪 50 年代,在买方市场这种新的市场形势下,一些企业在现代市场营销观念这种新的营销观念指导下,开始实行"目标市场营销",从满足消费者的不同需求出发,针对不同的目标市场提供不同的产品,并运用不同的销售渠道和广告宣传方式。20 世纪 50 年代中期,美国以温德尔·斯密为首的市场营销学专家总结一些企业的实践经验,提出了"市场细分"这一新概念。这个概念一经提出,就受到企业管理者的重视,并迅速推广利用。

二、市场细分的意义

市场细分的原理和方法,已为越来越多的工商企业市场营销人员所接受和应用,在实践中获得了多方面的利益。市场细分是工商企业拓展市场营销的有利武器,具有十分重要的意义。

(一)通过市场细分,有利于企业,特别是中小企业发掘最好的市场营销机会,使企业取得优势地位

市场营销机会是指市场上存在的尚未满足的需求,或尚未全部满足的消费需求。满足水平较低的市场部分,就可能存在着最好的营销机会,这对企业的营销活动来说,有着非常重要的意义:①进入市场的成功率较高;②有较大的销售潜力。但是,寻找发现新的市场营销机会,必须借助

于市场细分。因为只有通过对纷繁复杂的整体市场进行细分,企业才有可能对每一个细分市场进行销售潜力的分析,研究消费者的需求满足程度,以及市场竞争情况。通过对这些情况的分析比较,才会发现哪些是尚未满足或未被全部满足的消费需求,即发现有利于企业的市场营销机会,以便迅速占领市场,夺取竞争优势。因此,市场细分是企业发现营销机会,提高市场占有率的有力手段。对于小型企业来说,市场细分的意义则更重要。因为小企业资源能力有限,在整体市场和较大的细分市场上缺乏竞争能力,如果能发现一部分特定的尚未满足的消费者需求,寻找到自身实力或优势所能夺取的市场机会,扬长避短,见缝插针,针对细分的小市场推出相应的产品,往往能够取得较好的经济效益,在激烈的竞争中求得生存和发展。

(二)市场细分有利于企业科学分配和集中使用资源

以最小的经营费用实现最大营销效益。工商企业通过市场细分,发现了新的市场营销机会,就可以根据企业的资源条件,选择目标市场,并针对目标市场的特点,集中使用人力、物力、财力,开拓目标市场,营销适销对路的产品,集中力量打歼灭战。实践证明,集中力量比平均使用资源于各个细分市场,更能获得较大的营销效果,获得较理想的市场占有率。因此,无论是大型企业,还是中小型企业,为避免资源的浪费,迅速提高市场占有率,实现最大的营销效益,都必须进行市场细分。

(三)市场细分有利于企业针对市场需求特征制订或调整企业的营销方案,有的放矢地采取适当的市场营销策略

市场细分是企业选择目标市场与制订各项市场策略的基础。通过市场细分,企业能够比较容易地认识不同消费者的需求差异,以及不同消费者对不同营销组合策略反应的差异,因而可以针对不同细分市场的特点,制订不同的营销组合方案,推出不同的产品和服务。同时,通过连续的市场细分,可以较快地反馈市场信息,一旦需求发生变化,企业可以及时地、相应地调整营销方案,以最佳的营销组合适应消费需求的变化,增强企业

的应变能力。

(四)市场细分有利于更好地满足消费者的现实需求和潜在需求,能够始终不断地开拓市场

通过市场细分,可以增强企业市场调研的针对性,比较全面地分析掌握细分市场上消费者需求的满足程度和变化情况,了解消费者的潜在需求。而潜在需求对于企业的发展和变化意义更加重大,企业能否创造性地发展,在激烈的市场竞争中获得领先地位,关键在于能否不断地发现消费者的潜在需求,并迅速地把潜在需求转化为现实需求。企业利用市场细分,不仅可以有计划地拓展目标市场,满足消费者的现实需求,而且还可以发现消费者的潜在需求,迅速开发新产品,发展新市场,最大限度地满足消费者的潜在需求,不断地提高经济效益和社会效益。

(五)市场细分有效地避免了价格竞争

在激烈的市场竞争中,如果用降价作为竞争的武器,虽然有利于消费者,但是对生产者来说,收入却减少了。继续发展下去,就会使企业陷入绝境。而如果企业能采用市场细分的方法,找到一部分尚未满足的消费者需求并把它作为自己的目标市场,为消费者提供别人不能提供的产品,甚至形成某些垄断,这样就能把买方市场变为卖方市场,就不必用价格来竞争了,也就避免了价格竞争带来的损失,甚至会收到垄断带来的好处,极大地提高企业的营销效益。

综上所述,市场细分理论对于工商企业拓展市场营销具有十分重要的意义,是企业确定营销目标和策略的前提条件,也是企业开展营销活动不可缺少的重要过程。今天,绝大多数的工商企业都在利用市场细分的策略。市场细分的科学原理和方法还可以广泛应用于各行各业。

三、消费者市场细分的标准

消费者需求的差异性是市场细分的基础,这种差异性主要表现在不同消费者在心理特征、社会经济地位、心理性格和价值追求等方面的区

别。严格地说,每一个消费者的需求都不是完全相同的,而企业在制造、销售产品时,又无法去满足每一个人的不同需求。但这并不就意味着市场细分无法进行。我们在细分消费者市场时,常用的方法是分析消费者的两个方面的主要特征:一是消费者生理特征和社会属性的区别;二是消费者对企业安排的营销因素反映的区别。前者包括消费者的地理、人口和心理方面的差异;后者包括消费者对产品的喜爱、追求的利益,以及对广告宣传、价格等的信任程度。

消费者市场细分常用的标准有以下几个方面。

(一)按地理标准细分市场

地理细分是指按照消费者所在的不同地理位置作为细分消费者市场的标准。处在同一地理条件下的消费者,他们的需求有一定的相似性,对企业的产品、价格、分销、促销等营销措施会产生类似的反应。

作为地理标准的细分变量主要有以下几个方面。

第一,国界。主要指国际和国内。

第二,区域。如我国的华东、华北、中南、东北、西南、西北和港、澳、台地区;或按行政区划的各省、自治区、直辖市。

第三,气候。我国不同地区的不同气候特点带来了消费者对产品的不同的需求,如北方冬季较寒冷,气候干燥;南方夏季气温较高、雨水量较大等。

第四,城市规模。按常住人口数量可划分为小城市、中等城市、大城市和特大城市。

第五,人口密度。不同地区的人口密度的差异往往会影响日用消费品生产企业的营销活动。

企业之所以可以按照地理标准来细分市场,关键在于生活在具有不同地理特征地区的消费者,对同一类产品往往会有不同的需要与偏好,他们对于企业制订的营销策略往往也会产生不同的反应。如对茶叶的需求,江南地区以绿茶为主,北方一些省市以花茶为主,而福建、广东、云南等地又以乌龙茶、红茶等为主。地理因素是一个静态因素,往往容易辨别,它对于分析研究不同地区消费者的需求特点、需求总量及其发展变化趋势具有一定的意义,有助于企业地域市场的开拓。

(二)按人口标准细分市场

运用人口因素细分市场,就是根据人口统计变量如国籍、民族、人数、年龄、性别、职业、教育程度、宗教、收入、阶层、家庭人数、家庭生命周期、媒体接触方式等因素将市场进行细分。不同国籍或民族、不同年龄和性别、不同职业和收入的消费者,其需求和爱好均大不相同。故人口统计变量与消费者对商品的需求爱好和消费行为有着密切关系,而且人口统计变量的资料比较容易获得和进行衡量。为此,人口因素是市场细分中常用以区分消费者群体的标准。

作为人口标准的细分变量主要有以下几个方面。

第一,年龄。主要按人在成长过程中所处的不同年龄段,具体可分婴幼儿、儿童、少年、青年、青壮年、中老年等不同阶段。

第二,性别。男、女。

第三,文化程度。可分为文盲与半文盲、小学、初中、高中、大学及以上。

第四,民族。我国有 56 个民族,各民族的消费习惯和传统观念存在较大差别。

第五,宗教。主要有道教、佛教、基督教、伊斯兰教等。

第六,职业。主要有工人、农民、军人、职员、干部、科教、个体户等。

第七,收入。消费者家庭人均收入可划分为 3000 元以下、3000~5000 元、5000~10000 元和 10000 元以上。

此外,按人口标准细分市场也可使用家庭规模、家庭生命周期、种族等其他一些细分变量。

(三)按心理标准细分市场

心理细分是根据购买者的社会阶层、生活方式或者个性特点等,将购买者分成不同的群体。心理特征和生活方式是新环境下市场细分的一个重要维度。在物质丰裕的社会,需求往往从低层次的功能性需求向高层次的体验性需求发展,消费者除了对商品的核心功能提出更高要求外,对品牌所附带的价值内涵也有所期待。消费者心理特征和生活方式上的差异,会导致对价值内涵和生活信息需求的差异。具有同样性别、年龄、收入的同一群体,由于其生活方式或性格不同,往往表现出不同的心理特性,对同一种产品会有不同的需求和购买动机。

作为心理标准的细分变量主要有以下几个方面。

第一,社会阶层。处于不同社会阶层的消费者,其消费方式往往存在较大的差异。

第二,生活方式。生活方式是由相互联系、相互制约的各方面要素构成的。

第三,个性。主要分为内向型和外向型。

(四)按购买行为标准细分市场

购买行为因素即根据消费者的不同购买行为来进行市场细分。它包括追求利益、品牌商标忠诚度(品牌偏好)、使用者地位、使用频率、对产品态度、准备程度等。例如,人们对化妆品的需求,有的消费者追求化妆品的润肤功能,有的则希望增白、祛斑。对某品牌化妆品有的是从未使用者或首次使用者,有的则是经常使用者或是品牌偏好者。企业可以根据消费者购买行为因素细分市场,推出适合细分市场所需要的产品。

作为购买行为标准的细分变量主要有以下几个方面。

第一,利益追求。不同消费者对同一类商品可能有不同的利益追求。如在购买服装时,有的人追求"高档名牌""款式新颖";有的人追求"舒适得体""做工精良";有的人追求"结实耐穿""价格实惠"等。

第二,使用者状况。主要可按现实使用者和潜在使用者、初次使用者和经常使用者等方式进行划分。

第三,使用频率。主要可划分为不使用者、少量使用者、大量使用者。

第四,品牌忠诚度。主要可将消费者划分为坚定忠诚者、弹性忠诚者、转移忠诚者和随机者四种群体类型。

第五,待购阶段。每一种产品(特别是新产品)市场上,总存在处于不同待购阶段的消费群,为此可将整体市场划分为不知道、有所了解、产生兴趣、产生购买欲望和已实施购买等多个细分市场。对处于不同阶段的消费群,企业应制定相应的营销策略,并应根据消费者所处待购阶段的变化而调整营销策略。

第六,态度。按照消费者对某种产品的态度,可将其划分为非常喜爱、喜爱、无所谓、反感、非常反感和敌对等几种类型。此种划分方法对于企业的意义应该是非常明确的。

四、生产者市场细分的标准

对生产者市场进行细分,同样可以使用细分消费者市场的部分标准和细分变量。但由于生产者市场中的购买是以盈利为目的的,受个人和心理因素的影响较少,因此,细分生产者市场常用以下几种标准。

(一)按用户的需求特征来细分市场

产品最终用户的需求是细分生产者市场最常用的标准。不同用户所在行业不同,他们在产品购买上具有各自的需求特征。如生产企业、商业企业对同一种零部件在供货方式、质量水平等方面的需求是有差异的;同一种产品,在军用品生产企业和民用品生产企业的需求也是不同的。因此,对不同用户来说,由于使用目的的不同,他们在质量、价格、保证、售后服务等方面的需求也就不同。对于供应企业来说,按此标准细分买主市场,有利于选择最能发挥自身优势的最终用户群体作为企业的目标市场,通过调整企业的生产经营活动,努力创造出企业的特色,更好地满足用户需要。

(二)按用户的地理位置来细分市场

每一个国家和地区,由于气候条件、资源分布以及历史发展等方面的原因,都在一定程度上形成了不同产业布局的相对集中趋势,这种相对集中趋势有利于生产资料供应企业在合理选择自己的目标市场的基础上,统筹安排企业的销售队伍,有效地规划运输路线,从而节省销售费用支出。如我国的重工业主要集中在华北和东北等地;丝绸工业主要集中在浙江和江苏两省;煤炭储量主要集中在"三西"(山西、陕西、蒙西)地区;等等。生产者市场的集中程度要比消费者市场更加明显。

(三)按用户的规模大小来细分市场

用户规模的大小也是细分生产者市场常用的依据之一。对生产者市场上的用户按其需要使用量和实际购买量可分为大量用户、中等用户和少量用户,买方据此标准细分市场的意义有以下几点。

第一,可以按照自身的规模和资源实力,选择企业适合的用户为自己的目标市场。

第二,可以依据不同的用户规模,制订和实施不同营销组合策略。

如对于企业最终用户中的大客户,应采取直接联系、直接供应的办法,由销售经理或主要业务人员重点负责,以不断稳定其购买量,并更好地提供服务。

(四)按用户的利益追求来细分市场

生产者市场的购买者在采购原材料、零件设备时,往往会表现出不同的利益追求,如不同的用户在产品价格、质量、售后服务等方面的要求会有差别。这也是进行生产者市场细分时可以使用的标准之一。

与细分消费者市场一样,许多企业在细分生产者市场时,也往往同时采用多个标准来进行。

五、市场细分标准的选择

在市场细分过程中,细分标准的选择是一个关键问题,因为随行业、产品和细分目的的不同,细分的标准也不同,没有一个完全固定的格式模板可以模仿。而且,细分标准是否选择得恰当、准确,将直接影响市场细分的效果,并间接地影响整体营销工作的成败。

(一)可行的市场细分标准的特点

企业要在所有可能的细分化标准中选择一个或者几个标准进行市场

细分,需要人们能够判断和比较这些标准各自的特点和适用性。对任何一种产品而言,其合适的市场细分标准应该有三项特点:恰当性、可测量性和操作价值。

1.恰当性

恰当性是指在这一细分标准所将要定义的细分市场中,消费者对企业所指定的产品的行为和态度,具有各自鲜明的区别。

2.可测量性

一项有用的市场细分标准应该易于测量,或者至少可以识别。例如,一个企业决定将某地区的人口性别和年龄作为细分标准时,很容易通过该地区的统计公报、年鉴等资料获知相关数据。相反,消费者心理和行为常常很难测量或观察。例如,消费者的生活方式(简朴型、时尚型、奢华型等)可作为家庭轿车厂商进行市场细分的标准,但是这种统计数据很难获得。

3.可操作性

对市场营销人员有实际的用途,以便他们能够依据细分市场的特征采用不同的产品、价格、分销和促销策略。例如,电信市场按地理区域不同可划分成内地通信市场和沿海通信市场,城市通信市场和农村通信市场。在同一城市内,按通信需求程度大小划分成工业区市场、商业区市场、文化区市场、机关事业区市场和居民区市场。在此基础上,电信企业营销部门决定采用具有针对性的营销策略。

(二)有效市场细分的特点

根据可行的细分标准进行市场细分才会形成一个有效的细分市场。一个有效的细分市场应该包含需求差异性、市场的可识别性、可达到性、足量性和行动可能性五个特点。

各细分市场之间体现的需求差异性,表现为同一细分市场内需求差异最小,对相似的营销策略有相似的反应;不同细分市场间需求差异最大。需求的差异性在于确保产品开发和价格策略的针对性,向市场主体递交个性化产品。

需求的可识别性和可达到性,在于确保清晰地区分各细分市场的主体,把产品信息及产品实体通过特定的渠道递送给他们。

足量性指细分市场的规模必须能提供足量的利润来源,能达到足够获利的程度。一个细分市场应该是值得为之设计一套营销规划方案的尽可能大的同质群体。

行动的可能性主要是指企业的资源是否能满足对细分市场的营销需求。

把市场细分这五个特点也可简称为"五性要求"。细分市场只有符合"五性要求",细分标准才是理想的,细分的市场才是有效的。

六、市场细分的步骤与方法

(一)市场细分的步骤

美国营销专家伊·杰·麦卡锡提出了一套逻辑性强、直观明了的七步细分法,被企业界广泛接受。其基本步骤分为以下几个方面。

1. 选定产品市场范围

即在明确企业任务、目标,对市场环境充分调查分析之后,首先从市场需求出发考虑选定一个可能的产品市场范围。

2. 估计潜在顾客的基本需求

企业可以在地理、心理和行为等方面,通过"头脑风暴法"对潜在顾客的要求作大致分析。这一步骤掌握的情况也许不够全面,但是可为以后各个步骤准备深入了解的资料。如某房地产公司调查顾客对小型公寓的需求,大致包括遮风避雨、停放车辆、安全、经济、设计良好、方便学习和生活、不受外来干扰、足够的空间、满意的内部装修、公寓管理等。

3. 分析潜在顾客的不同需求

企业依据人口因素做抽样调查,向不同的潜在顾客了解上述哪些需求对他更重要。初步形成几个消费需求相近的细分市场。比如上述那家房地产公司会发现,在校外租房住宿的大学生,认为最重要的是遮风避雨、停放车辆、经济、方便上课和学习;新婚夫妇希望遮风避雨、停放车辆、不受外来干扰、满意的公寓管理等;较大的家庭住户要求遮风避雨、停放车辆、经济、有足够的儿童活动空间等。这样,不同的顾客群体,即若干分市场也就初步显现出来了。

4.剔除潜在顾客的共同需求

对初步形成的几个分市场之间共同的需求加以剔除,以它们之间需求的差异作为细分市场的基础。虽然共同需求也重要,但只能作为市场营销组合决策的参考,不能作为市场细分的基础。比如遮风避雨、停放车辆和安全等项,几乎是每一类潜在顾客都要求的就必须剔除。

5.为这些分市场暂时定名

为不同的顾客群体定一个称谓。比如房地产公司对各分市场剩下的不同要求进行分析,结合顾客群体的特点,暂时安排一个叫法。

第一,好动者。年轻、未婚、爱玩好动。

第二,稳健者。比好动者稍年长、更成熟、收入及受教育程度更高,追求舒适与注重个性。

第三,新婚者。暂住,将来希望另找住房。

第四,工作为主者。单身,希望住所离工作地点近、经济。

第五,度假者。市区有住房,希望节假日过郊外生活。

第六,向往城市者。乡间有住房,但希望接近城市生活。

第七,家庭。

6.进一步认识各细分市场的特点,做进一步细分或合并

企业要对各分市场的顾客,做更深入细致地考察,明确各顾客群体的特点,已知哪些,还要了解哪些,以便决定各分市场是否需要再度细分,或加以合并。

7.测量各分市场的大小,从而估算可能的获利水平

经过以上步骤,分市场的类型基本确定。企业接着应把每个分市场与人口因素结合,测量各个分市场中潜在顾客的数量。企业进行市场细分,是为了分析盈利的机会,这又取决于各分市场的销售潜力。

这只是一般市场细分的步骤,实际细分过程中,应根据具体情况加以

简化或丰富。

(二)市场细分的主要方法

按照细分标准数目的多少来划分,市场细分的方法有:

1.单一因素法

单一因素法即选用一个细分标准,对市场进行细分。如对服装市场,由于服装市场需求与购买者的性别有着直接关系,因而可按性别定标准,把市场划分为男性服装市场与女性服装市场。

2.综合因素法

运用两个或两个以上的标准对市场进行细分。消费者的需求差别是由于多种原因的影响形成的,只有从多个角度多个方面去分析、认识,才能准确地把握和区分。这就需要用综合因素法来进行市场细分。如家具市场可分为青年、中年、老年三类;按住房面积可分为大、中、小三类。

3.系列因素法

系列因素法也是运用两个或两个以上的标准来细分市场,但必须依据一定的顺序由粗到细依次细分,下一阶段的细分是在上一阶段的子市场中进行的,细分的过程也就是一个比较、选择子市场的过程。

第三节 目标市场选择

市场细分的目的在于为企业选择和进入目标市场提供帮助。在所有的市场细分进行之后,企业对细分市场就要进行评估。通过评估来舍弃无效的细分市场、进一步评价有效的细分市场,从而决定为多少个细分市场服务,即进入预定的目标市场。

一、目标市场的概念

目标市场是指在市场细分基础上所确定的最佳细分市场,即企业所确定的以相应的产品满足其需求、为其服务的那个消费者群。它是企业所确定的营销服务对象。

二、目标市场应具备的条件

目标市场选择的是否恰当,直接关系着企业的营销成果以及市场占有率。因此,选择目标市场时,必须认真评价细分市场的营销价值并分析研究是否值得去占领。一个细分市场要能成为企业的目标市场,必须具备以下三个条件。

(一)拥有较理想的现实需求和潜在需求

只有具有足够的购买力和销售量,目标市场才具有实际意义,才具有开发的价值,使企业有利可图;也只有具有一定的尚未满足的潜在需求和充分发展的潜在购买力,目标市场的开发才能使企业获得发展。

(二)企业优势符合市场的特征

这样企业才能够充分发挥优势,营销适销对路产品,提高企业经济效益,才能以巨大的优势去占领目标市场。

(三)竞争对手尚未控制市场,市场竞争还不激烈

这样的目标市场才是企业能够占领的。这样有利于企业乘势进入并占领目标市场,在市场竞争中夺取优势。所以,并不是所有的细分市场都可以作为企业的目标市场,企业必须选择一个或一个以上有利于本企业扩大产品营销的市场为营销对象,而不是越多越好。

三、选择目标市场

企业在选择目标市场时有五种可供考虑的市场覆盖模式。

(一)市场集中化

市场集中化是一种最简单的目标市场模式。即企业只选取一个细分市场,只生产一类产品,供应某一单一的顾客群,进行集中营销。例如某服装厂商只生产儿童服装。选择市场集中化模式一般基于以下考虑:企业具备在该细分市场从事专业化经营或取胜的优势条件;限于资金能力,只能经营一个细分市场;该细分市场中没有竞争对手;准备以此为出发

点,取得成功后向更多的细分市场扩展。

(二)选择专业化

选择专业化是企业选取若干个具有良好的盈利潜力和结构吸引力,且符合企业的目标和资源的细分市场作为目标市场,其中每个细分市场与其他细分市场之间较少联系。其优点是可以有效地分散经营风险,即使某个细分市场盈利不佳,仍可在其他细分市场取得盈利。采用选择专业化模式的企业应具有较强资源和营销实力。

(三)产品专业化

产品专业化是企业集中生产一种产品,并向各类顾客销售这种产品。如饮水器厂只生产一个品种,同时向家庭、机关、学校、银行、餐厅、招待所等各类用户销售。产品专业化模式的优点是企业专注于某一种或一类产品的生产,有利于形成和发展生产和技术上的优势,在该领域树立形象。其局限性是当该领域被一种全新的技术与产品所代替时,产品销售量有大幅度下降的危险。

(四)市场专业化

市场专业化是企业专门经营满足某一顾客群体需要的各种产品。比如某工程机械公司专门向建筑业用户供应推土机、打桩机、起重机、水泥搅拌机等建筑工程中所需要的机械设备。市场专业化经营的产品类型众多,能有效地分散经营风险。但由于集中于某一类顾客,当这类顾客的需求下降时,企业也会遇到收益下降的风险。

(五)市场全面化

市场全面化是企业生产多种产品去满足各种顾客群体的需要。实力雄厚的大型企业选用这种模式,才能收到良好效果。

四、目标市场战略

(一)无差异性营销战略

实行无差异营销战略的企业把整体市场看作一个大的目标市场,不进行细分,用一种产品、统一的市场营销组合对待整体市场。实行此战略的企业基于两种不同的指导思想,第一种是从传统的产品观念出发。强调需求的共性,漠视需求的差异。因此,企业为整体市场生产标准化产品,并实行无差异的市场营销战略。在大量生产、大量销售的产品导向时代,企业多数采用无差异性营销战略经营。实行无差异战略的另一种思想是,企业经过市场调查之后,认为某些特定产品的消费者需求大致相同或较少差异,比如食盐,因此可以采用大致相同的市场营销策略。从这个意义上讲,它符合现代市场营销理念。

采用无差异性营销战略的最大的优点是成本的经济性。大批量的生产销售,必然降低单位产品成本,无差异的广告宣传可以减少促销费用,不进行市场细分,也相应减少了市场调研、产品研制与开发,以及制定多种市场营销战略、战术方案等带来的成本开支。

但是,无差异性营销战略对市场上绝大多数产品都是不适宜的,因为消费者的需求偏好具有极其复杂的层次,某种产品或品牌受到市场的普遍欢迎是很少的。即便一时能赢得某一市场,如果竞争企业都如此仿照,就会造成市场上某个部分竞争非常激烈,而其他市场部分的需求却未得到满足。

(二)差异性营销战略

差异性市场营销战略是把整体市场划分为若干需求与愿望大致相同的细分市场,然后根据企业的资源及营销实力选择部分细分市场作为目标市场,并为各目标市场制订不同的市场营销组合策略。

采用差异性市场营销战略的最大长处是可以有针对性地满足具有不同特征的顾客群的需求,提高产品的竞争能力。但是,由于产品品种、销售渠道、广告宣传的扩大化与多样化,市场营销费用大幅度增加。所以,无差异性营销战略的优势基本上成为差异性市场战略的劣势。其他问题还在于,该战略在推动成本和销售额上升的同时,市场效益并不具有保证。因此,企业在市场营销中有时需要进行"反细分",或"扩大顾客的基数"。

(三)集中性市场战略

集中性市场战略是在将整体市场分割为若干细分市场后,只选择其中某一细分市场作为目标市场。其指导思想是把企业的人、财、物集中用于某一个或几个小型市场,不求在较多的细分市场上都获得较小的市场份额,而要求在少数较小的市场上得到较大的市场份额。

这种战略人称为"弥隙"战略,即弥补市场空隙的意思,适合资源薄弱的小企业。小企业如果与大企业硬性抗衡,弊多于利,必须学会寻找对自己有利的小生存环境。用"生态学"的理论说,必须找到一个其他生物不会占领、不会与之竞争,而自己却有适应本能的小生存环境。也就是说,如果小企业能避开大企业竞争激烈的市场部位,选择一两个能够发挥自己技术、资源优势的小市场,往往容易成功。由于目标集中,可以大大节省营销费用和增加盈利;又由于生产、销售渠道和促销的专业化,也能够更好地满足这部分特定消费者的需求,企业易于取得优越的市场地位。

这一战略的不足是经营者承担风险较大,如果目标市场的需求情况突然发生变化,目标消费者的兴趣突然转移(这种情况多发生于时髦商品)或是市场上出现了更强有力的竞争对手,企业就可能陷入困境。

五、选择目标市场营销战略的条件

(一)企业能力

企业能力是指企业在生产、技术、销售、管理和资金等方面力量的总和。如果企业力量雄厚,且市场营销管理能力较强,即可选择差异性营销战略或无差异性营销战略。如果企业能力有限,则宜选择集中性营销战略。

(二)产品同质性

同质性产品主要表现在一些未经加工的初级产品上,如水力、电力、石油等,虽然产品在品质上或多或少存在差异,但用户一般不加区分或难以区分。因此,同质性产品竞争主要表现在价格和提供的服务条件上。

该类产品适于采用无差异战略。而对服装、家用电器、食品等异质性需求产品,可根据企业资源力量,采用差异性营销战略或集中性营销战略。

(三)产品所处的寿命周期阶段

新产品上市往往以较单一的产品探测市场需求,产品价格和销售渠道基本上单一化。因此,新产品在引入阶段可采用无差异性营销战略。而待产品进入成长或成熟阶段,市场竞争加剧,同类产品增加,再用无差异经营就难以奏效,所以成长阶段改为差异性或集中性营销战略效果更好。

(四)市场的类同性

如果顾客的需求、偏好较为接近,对市场营销刺激的反应差异不大,可采用无差异性营销战略;否则,应采用差异性或集中性营销战略。

(五)视竞争者战略而定

如果竞争对手采用无差异性营销战略时,企业选择差异性或集中性营销战略有利于开拓市场,提高产品竞争能力。如果竞争者已采用差异性战略,则不应以无差异战略与其竞争,可以选择对等的或更深层次的细分或集中化营销战略。

第四节　市场定位

在企业选定的目标市场上,同时有多家企业在开展市场营销活动,为市场提供相似的或可相互替代的产品或服务。如何成为众多竞争企业中的佼佼者,靠什么去吸引目标市场上的消费者?这就要求企业必须具备能够更好满足需求的手段和特色,要做到这一点,就必须进行准确的市场定位。

一、市场定位的概念

市场定位最早是由美国的艾·里斯和杰克·特劳斯提出来的。他们认为定位始于一件产品、一件商品、一次服务、一家公司、一个机构,甚至一个人……然而,定位并不是对一件产品本身做什么,而是在有可能成为顾客的人的心目中确定一个适当的位置。

市场定位,也被称为产品定位或竞争性定位,是根据竞争者现有产品在细分市场上所处的地位和顾客对产品某些属性的重视程度,塑造出本企业产品与众不同的鲜明个性或形象并传递给目标顾客,使该产品在细分市场上占有强有力的竞争位置。亦即市场定位是塑造一种产品在细分市场的位置。产品的特色或个性可以从产品实体上表现出来,如形状、成分、构造、性能等,也可以从消费者心理上反映出来,如豪华、朴素、时髦、典雅等,还可以表现为价格水平、质量水准等。

企业在市场定位过程中,一方面要了解竞争者的产品的市场地位,另一方面要研究目标顾客对该产品的各种属性的重视程度,然后选定本企业产品的特色和独特形象,从而完成产品的市场定位。

二、市场定位战略

市场定位作为一种竞争战略,显示了一种产品或一家企业同类似的产品或企业之间的竞争关系。下面分析三种主要定位战略。

(一)避强定位

这是一种避开强有力的竞争对手的市场定位。其优点是,能够迅速地在市场上站稳脚跟,并能在消费者或用户心目中迅速树立起一种形象。由于这种定位方式市场风险较少,成功率较高,常常为多数企业所采用。

(二)对抗性定位

这是一种与在市场上占据支配地位的,亦即最强的竞争对手“对着干”的定位方式。显然,这种定位有时会产生危险,但不少企业认为能够激励自己奋发上进,一旦成功就会取得巨大的市场优势。例如,可口可乐与百事可乐之间持续不断地争斗。实行对抗性定位,必须知己知彼,尤其应清楚地估计自己的实力,不一定试图压垮对方,只要能够平分秋色就是巨大的成功。

(三)重新定位

重新定位是对销路少、市场反应差的产品进行二次定位。这种重新定位旨在摆脱困境,重新获得增长与活力。这种困境可能是企业决策失误引起的,也可能是对手有力反击或出现新的强有力竞争对手而造成的。不过,也有重新定位并非因为已经陷入困境,而是因为产品意外地扩大了销售范围引起的。例如,专为青年人设计的某种款式的服装在中老年消费者中也流行开来,该服饰就会因此而重新定位。

实行市场定位应与产品差异化结合起来。定位更多地表现在心理特征方面,它产生的结果是潜在的消费者或用户怎样认识一种产品,对一种产品形成的观念和态度;产品差异化是在类似产品之间造成区别的一种战略,因而,产品差异化是实现产品市场定位目标的一种手段。

三、市场定位的技术

(一)特色定位

特色定位即从企业和产品的特色上加以定位。"海尔"重点突出"真诚到永远","华为"则以"产业报国,民族昌盛为己任"打动人心。

(二)功效定位

功效定位即从产品的功效上加以定位。"海飞丝"则定位于"去头屑"。

(三)质量定位

质量定位即从产品的质量加以定位。

(四)利益定位

利益定位即从顾客获得的主要利益上加以定位。如娃哈哈奶强调"喝了娃哈哈,吃饭就是香"。

(五)使用者定位

使用者定位们即根据使用者的不同加以定位。

(六)竞争定位

竞争定位即根据企业所处的竞争位置和竞争态势加以定位。如光大银行强调"不求最大,但求最好"。"

(七)价格定位

价格定位即从产品的价格上加以定位。

四、市场定位的步骤

市场定位包括三个步骤:识别竞争性差异化策略,选择正确的竞争优势(市场定位),有效地向市场传播企业的市场定位。

(一)识别竞争性差异化途径

在目标市场上,有众多的生产者通过各自的市场定位形成竞争的相对优势,通过设计产品、塑造独特的市场形象来实现企业产品和服务的差异化,以避免直接的竞争。而一项产品是性能、构造、成分、包装、形状、质量等许多因素的综合反映,企业在市场定位之前就需要识别这些因素,以便形成企业的差异。因此,识别差异化的要素是市场定位的重要一环。

差异化是指设计一系列有意义的差异,以使本企业的产品同竞争对手的产品区分开来的行动。企业在实践中要突出自己与竞争对手的差异性,有 5 种基本的途径。

1. 产品差异化

企业可以使自己的产品区别于其他产品。尤其像汽车、服装、家具、商业建筑等产品可以实现高度差异化。这种产品的差异,可以通过以下方式获得:增补产品的基本功能,提高产品的性能价格比,提高产品的设计特征和工作性能与预期标准的吻合程度、延长产品的预期使用寿命、提高产品的可靠性,以及通过改变产品的风格、设计方式等方面以实现差异。

2. 服务差异化

区分服务水平差异的主要因素有订货、送货、安装、客户培训、客户咨询、维修和其他。

3.人事差异化

企业竞争的实质是人才的竞争。企业要在激烈的市场竞争中获取优势,就必须聘用、培养比竞争者更优秀的人员。经过严格训练的人员应该具有这些特征:企业必须的技能和知识;热情友好、尊重别人、体贴周到;诚实可信;对顾客的请求和问题能迅速做出反应;力求理解顾客并清楚地为顾客传达有关信息。

4.渠道差异化

企业的分销渠道也可以实现差异化,尤其在覆盖面、专业化和绩效等方面。联想电脑通过高质量的直销渠道实现差异化,取得了巨大的成功,当前,随着电子商务技术的发展和其模式的创新,企业在电子商务领域的竞争越来越激烈,但同时企业也要注重渠道的创新,在物流配送、商业模式等方面彰显企业自身的特色。只有这样,企业才能获取竞争优势。

5.形象差异化

当前企业的竞争已经由单纯的产品、服务等方面的竞争上升为品牌形象的竞争,这也是企业在全方位、广角度、宽领域的时空范围内展开的高层次的体现企业综合实力的竞争。

(二)选择合适的竞争优势(差异)

对一个企业来说,不可能在上述的各种途径中做到面面俱到,它必须在上面的差异途径中做出取舍和选择,再进行市场定位,并着力宣传那些会对其目标市场产生重大影响的差异,以确定企业在顾客心目中的独特地位。企业选择合适的竞争优势,首先要决定向顾客推出多少差异以及推出哪些差异。

1.确定产品差异的数量

企业可以只推出一种差异,即单一差异定位,向用户传达"我们(在某一方面)是最好的",这样就把自己的产品与其他产品区分出来了。这种方法的关键是要保持连贯一致的定位,并且选择自己能成为"第一名"的差异属性。质量、价格、服务、安全、舒适、技术等,都是企业可以彰显的单一差异化因素。企业还可以选择双重或多重差异定位策略。

2.确定产品的具体差异

为了确定产品的具体差异,企业要对企业的自身情况和目标市场竞争者进行分析。企业需要对所设计的产品、产品差异对目标顾客的重要性、企业实施产品差异的能力(人力、物力、财力等)、所需时间、竞争者的模仿能力等进行综合分析,随后企业选择那些能增强企业竞争优势的产品差异。

企业可以根据产品利益定位。即把产品定位在顾客购买产品所追求利益上,在实现核心利益的基础上突出附加利益。

企业也可以根据产品属性定位。产品本身的属性能使消费者体会到它的定位。产品的属性包括制造技术、设备、功能、原料、产地、历史等因素。桂林西瓜霜体现的是其独特的配方和悠久的历史;信阳毛尖等产品则强调其产地定位。此外,企业还可以根据产品和用途、产品的档次、价格、质量、使用者类型、竞争格局等情况定位。

(三)传播和送达选定的市场定位

给企业定位要求有具体的行动而不是空谈。企业的竞争优势最终要被消费者认同后才具有现实意义。因此市场定位一旦确定,企业就必须采取切实步骤把理想的市场定位传达给目标消费者。企业所有的市场营销组合必须支持这一市场定位战略。比如在确定了要向市场传播的内容后,就应该通过各种手段,如广告、员工着装、行为举止、服务态度、质量等传递出去,以求顾客所认同。

第四章 产品策略

第一节 产品整体概念

一、产品及产品整体的概念

(一)产品的概念

人们对产品的理解通常是具有某种物质形状,能提供某种用途的物品,这是一种狭义的理解。在现代营销学中,产品概念具有广阔的外延和丰富的内涵。菲利普·科特勒认为,产品是指为留意、获取、使用或消费以满足某种欲望和需要而提供给市场的一切东西。因而从营销学的意义上讲,产品的本质是一种满足消费者需求的载体,或是一种能使消费者需求得以满足的手段。基于消费者需求满足方式的多样性,产品包括有形的物品、无形的服务、组织、观念或它们的组合。

(二)产品的整体概念

消费需求的不断扩展和变化使产品的内涵和外延不断扩大。从内涵看,产品从有形实物产品扩大到服务、人员、地点、组织和观念;从外延上看,产品从实质产品向形式产品、期望产品、附加产品和潜在产品拓展。为此,应以发展的眼光,联系消费者需求和企业间的产品竞争,从整体上对产品进行研究,这就是营销学提出的产品的整体概念。

1. 核心产品

核心产品即向消费者提供产品的基本效用和性能,是指消费者需求的核心部分,是产品整体概念中最主要的内容。消费者购买产品,并不是为了获得产品本身,而是为了获得满足自身某种需要的效用和利益。企业的产品生产或营销经营活动,首先应考虑能为消费者提供哪些效用和功能,并且着眼于产品的这些基本效用和性能。

2. 形式产品

形式产品是指产品的本体,是核心产品借以实现的各种具体产品形式,即向市场提供的产品实体的外观。而外观是指产品出现于市场时,可以为消费者识别的面貌,它一般由产品的质量、特色、品牌、商标、包装等有形因素构成。企业在产品设计时,应着眼于消费者所追求的基本利益,同时,市场营销人员也要重视如何以独特的形式将这种利益呈现给消费者。因为形式产品的各种有形因素虽然不全部都直接进入产品的使用过程,但也间接影响消费者对产品的满足程度和评价。

3. 期望产品

期望产品即购买者在购买产品时通常期望或默认的一组属性和条件。如旅馆的期望产品包括干净的床、整洁的房间和相对安静的环境。顾客通过期望产品来获得满足。

4. 附加产品或延伸产品

附加产品是指消费者购买产品时随同产品所获得的全部附加服务与利益,它包括提供信贷、免费送货、安装调试、保养、包换、售后服务等。附加产品是产品整体概念中的一部分,是因为消费者购买产品就是为了需要得到满足,即希望得到满足其需求的一切东西。在现代市场经济中,特别在同类或同质产品中,附加产品有利于引导、启发、刺激消费者购买、重复购买和增加购买量。由此可见,企业要增强竞争优势,应着眼于比竞争对手提供更多的附加产品。

5. 潜在产品

潜在产品指现在产品可能发展的前景,包括现有产品的所有延伸和演进部分,最终可能发展成为未来产品的潜在状态的产品。

产品的整体概念告诉我们,没有需求就没有产品,通过对产品整体概念五个层次的内容进行不同的组合,可以满足不同消费者对同一产品的差异性的需求。消费者对产品质量的评价是从产品整体概念的角度进行的,因而不同企业产品质量的竞争实质上是产品整体概念的竞争。现代企业产品外延的不断拓展缘于消费者需求的复杂化和竞争的白热化。在产品的核心功能趋同的情况下,谁能更快、更多、更好地满足消费者的复杂利益整合的需要,谁就能拥有消费者、占有市场、取得竞争优势。不断地拓展产品的外延部分已成为现代企业产品竞争的焦点,消费者对产品的期望价值越来越多地包含了其所能提供的服务、企业人员的素质及企业整体形象的"综合价值"。目前,发达国家企业的产品竞争多集中在附加产品层次,而发展中国家企业的产品竞争则主要集中在期望产品层次。若产品在核心利益上相同,但附加产品所提供的服务不同,则可能被消费者看成是两种不同的产品,因此也会造成两种截然不同的销售状况。也正如著名管理学家李维特曾说的:"新的竞争不在于工厂里制造出来的产品,而在于工厂外能够给产品加上包装、服务、广告、咨询、融资、送货或顾客认为有价值的其他东西。"

二、产品分类

在市场营销中要根据不同的产品制定不同的营销策略,确定科学有效的营销策略,就必须对产品进行分类。

(一)按产品的用途划分

按用途可划分为消费品和工业品两大类。消费品是直接用于满足最终消费者生活需要的产品;工业品则由企业或组织购买后用于生产其他产品。消费品与工业品两者在购买目的、购买方式及购买数量等方面均有较大的差异。因此,对于这两类不同的产品,企业的营销策略必须区别对待。

(二)按消费品的使用时间长短划分

第一,耐用品,该类产品的最大特点在于使用时间长,且价格比较昂贵或者体积较大。所以,消费者在购买时,都很谨慎,重视产品的质量以及品牌,对产品的附加利益要求较高。企业在生产此类产品时,应注重产品的质量、销售服务和销售保证等方面,同时选择信誉较好的大型零售商进行产品的销售。

第二,半耐用品,如大部分纺织品、服装、鞋帽、一般家具等,这类产品的特点在于能使用一段时间。因此,消费者不需经常购买,但购买时,对产品的适用性、样式、色彩、质量、价格等基本方面会进行有针对性的比较、挑选。

第三,非耐用品,其特点是一次性消耗或使用时间很短。因此,消费者需要经常购买且希望能方便、及时地购买。企业应在人群集中、交通方便的地区设置零售网点。

(三)按产品之间的销售关系划分

第一,独立产品,即产品的销售不受其他产品销售的影响。比如钢笔与手表、电视机与电冰箱等都互为独立产品。

第二,互补产品,即产品与相关产品的销售相互依存、相互补充。一种产品销售的增加(或减少)就会引起相关产品销售的增加(或减少)。

第三,替代产品,即两种产品之间销售存在着竞争关系。也就是说一种产品销售量的增加会减少另外一种产品潜在的销售量。

三、产品整体概念对企业营销管理的意义

(一)企业必须明确消费者所追求的核心利益

核心利益是消费者追求的核心所在。如果忽视这个问题将会对企业的营销活动产生很大的影响。菲利普·科特勒在他的《营销管理》一书中举了这样一个例子:一个办公用品公司生产一种文具柜,十分坚固耐用,但销售一直不好。他们的经理抱怨到:"我们的文具柜这么结实,从三楼上摔下去也不会损坏,为什么没人来买呢?"其公司内一名销售人员回答道:"问题在于没有任何一个顾客买文具柜是为了从三楼摔下去呀!"从这

个例子我们可以看出企业必须明确消费者所追求的核心利益,只有这样才能更满足消费者的需要。

(二)企业必须注重产品无形方面的特征

消费者对产品的需求不仅仅是核心利益,还有其他方面的需求,也就是非功能性方面的需求。非功能性的需求包括消费者在精神和情感方面的需求。自从改革开放以来,人们的物质生活水平得到了极大的提高,人们对精神、情感方面的需求越来越重视,有的时候甚至超过功能利益。因此,企业要更重视产品非功能性的开发,以更好满足消费者的需求。

(三)为企业指明产品的竞争可以在多个层次上开展,而不仅于核心利益

产品的整体概念表明产品是多因素的集合体,企业在激烈的市场竞争中可以从不同方面创造自己的特色。产品整体概念的提出,给企业带来了新的竞争思路,也就是企业可以在产品式样、包装、品牌服务等方面创造差异,获得竞争优势。

第二节　产品组合

一、产品组合及相关基本概念

(一)产品组合

产品组合是指企业生产或销售的全部产品的大类产品项目组合。它反映了一个企业提供给市场的全部产品项目和产品线构成,也是企业的生产经营范围和产品结构。现代企业出于自身的发展需要,往往有许多产品种类,但产品组合不恰当可能造成产品的滞销积压,甚至引起企业亏损。

(二)产品线

产品线指技术上和结构上密切相关,具有功能相似、规格不同而满足

同类需求的一组产品,产品线内一般有许多不同的产品项目。根据不同的功能标准、用户相似性、分销渠道的相似性可以将密切联系的产品项目归为一条产品线。如海尔有空调、冰箱、电视等产品线。

(三)产品项目

产品项目是指产品大类或产品线中各种不同的品种、规格、质量的特定产品,在企业名录中列出的每一种产品就是一个产品项目。

(四)产品组合的宽度、长度、深度和相关性

产品组合里面又包含不同的产品线,衡量产品组合时有四个不同的因素:宽度、长度、深度和相关性。

1.产品组合的宽度

产品组合的宽度是指一个企业生产经营的产品大类有多少,也就是说拥有多少条产品线。拥有的产品线越多,产品组合就越宽,否则就越窄。企业的产品组合宽度如表4-1所示。

表4-1 某企业的产品组合宽度

类型	电冰箱	空调/P	电视/英寸	洗衣机/kg	软件
产品线的长度	单门式	1.5	29	6	A系统软件
	双门式	2	32	8.5	
	三门式	3	37		
	多门式	5			
	对开双门式				

在表4-1中企业的产品组合宽度为5,即有5条产品线。

2.产品组合的长度

产品组合的长度指产品组合中所包含产品项目的总和。在表4-1中,产品组合的长度为15。

3.产品组合的深度

产品组合的深度是指一条产品线中平均具有的产品项目数。在表4-1中产品组合的深度是3个(15÷5=3)。

4.产品组合的相关度

产品组合的相关度是指各个产品线在生产技术、分销渠道和其他方面的关联程度。表 4-1 中企业拥有五条产品线,既有电冰箱、空调、电视、洗衣机,又有软件,电冰箱与空调这两条生产线在生产技术方面高度相关;而电视、洗衣机产品线之间市场方面又高度相关。

一般情况下,企业增加产品组合宽度,有利于扩大经营范围,发挥企业特长,提高经济效益,分散经营风险;增加产品组合的深度,可占领更多细分市场,满足消费者广泛的需求和爱好,吸引更多的消费者;增加产品组合的长度,可以满足消费者不同的需求,增加企业经济效益;而增加产品组合关联性,则可以使企业在某一特定领域内加强竞争力和获得良好声誉。

二、产品组合的类型

(一)从发展方向的角度来划分

1.水平式

水平式指企业在自身的生产设备、技术力量和市场范围内,发展新品种,扩展不同的系列产品,增加产品线的长度,或扩大产品组合的宽度。如表 4-2 中,该企业业务由原来的家电扩展到软件和手机产品。采用这种类型,可以使企业具有较高的适应性和灵活性,在竞争中有回旋余地。但要求企业具有一定的实力,有较强的生产技术和经营能力。

表 4-2 某企业的产品组合发展

类型	电冰箱	空调/P	彩电/英寸	洗衣机/kg	软件	手机
	单门式	1.5	32	8	A 系统软件	旗舰手机
	双门式	2	42	12		中低端手机
产品线的长度	三门式	3	48			
	多门式	5	50			
	对开双门		65			
			75			
			100			

2.垂直式

垂直式指企业在专业主导范围内,向型号规格齐全的方向发展。如在表4-2中,在彩电产品线中,彩电由原来的3个产品项目扩展到8个项目,企业继续增加新的产品类型以满足更多消费者需要,发挥彩电方面的技术、市场优势。

3.综合式

综合式指企业在专业主导产品的基础上,充分利用各种资源,发展新产品。如在表4-2中,企业不仅增加彩电的型号,而且利用现有的渠道资源,开发手机产品,在多个方面进行扩张。

(二)从原有基础的角度划分

1.一体化发展

一体化发展主要包括前向一体化、后向一体化和水平一体化。如果企业自己生产,由供应商供应零配件的叫后向一体化;如果企业经营原来由下游客户经营的叫前向一体化;如果为了扩大企业规模进行并购或者和别的企业联营的称水平一体化。

2.多样化发展

多样化发展主要有同心扩散发展、水平扩散发展、集团多样化发展。

(三)从经营范围的角度来划分

1.行业全面型

行业全面型指向市场提供本行业的各种类型的产品,尽量扩大产品组合的规模,增加产品组合的宽度。如海尔集团,拥有从冰箱、空调、电视、洗衣机等各种产品线。

2.市场专业化型

市场专业化型指向某专业市场提供以本行业为主的各种产品。如某轮胎公司专门为汽车制造厂生产各种类型的轮胎,而不生产别的拖拉机或摩托车用轮胎,在汽车轮胎市场获得市场优势。

3.产品线专业型

产品线专业型指增加产品线的深度,生产某系列产品的各种型号规格的产品。如洛阳轴承厂专门生产各种类型的轴承,在轴承生产领域获得竞争优势。

4.产品线有限专业型

产品线有限专业型只生产某类产品中的部分产品,以提高专业化水平,这种企业并不生产某个产品线上的所有产品,而是集中力量生产某几种产品。

5.特殊产品专业型

特殊产品专业型指一个企业只生产某种特殊产品,以满足市场上某种特殊需求。

三、产品组合的优化

企业优化产品组合的过程就是分析、评价和调整产品组合的过程。

企业优化产品组合的必要性在于市场需求与竞争状况等营销环境因素是不断变化的,这些变化可能对企业的某些产品不利,从而使这些产品的销售量和利润趋于减少。企业产品组合的状况直接关系着企业的销售额和利润水平,因此企业的营销管理部门必须经常对现有产品组合的状况进行分析、评价并作出适当的调整,以实现产品组合的最优化,从而扩大销售量,提高经营效益。

产品组合的优化过程可以分为两个步骤。第一,对现有产品组合进行分析评价。分析与评价产品组合的基本思路是:分解与分析各大类产品的销售量和利润额情况;分析和评价各个产品项目的销售量和利润额状况;全面衡量各产品大类、产品项目与竞争者的同类产品相比较而处的市场地位;分析各产品大类、产品项目的市场发展潜力,确定各产品大类、产品项目未来的发展方向与目标。第二,作出调整产品组合的决策。企业调整产品组合,实际上就是根据环境变化、实际需要以及生产经营能力,调整产品组合的宽度、深度和相关性,改善产品组合的结构状况。

(一)分析评价产品组合

产品组合分析评价方法主要有产品项目分析法、产品定位图分析法、波士顿咨询集团法和通用电器公司法。这里重点介绍前两种方法。

1.产品项目分析法

这种方法主要用于分析、评价产品线各个产品项目的销售额与利润水平,根据利润水平来衡量该产品项目在企业中的地位和发展策略。这种方法首先要计算每种产品销售额、利润额占公司总销售额和利润额的比重,然后进行判断。

如表4-3所示,A品种销售额占总销售额的50%,利润额占总利润额的42%。B品种销售额占总销售额的35%,利润额占总利润额的33%。这两个品种项目的销售额和利润共占总销售额的85%和总利润额75%。所以这两个品种是企业的工作中心,如果这两个品种遇到激烈的竞争,造成销售收入减少、利润下降,将会给企业带来严重的问题,甚至使企业陷入困境。企业必须采取切实措施巩固A、B品种的市场地位,同时加强D品种的市场营销活动,以增加销售收入、提高利润、扩大市场占有率。对于C品种,如果没有市场前景可考虑放弃。这样通过销售额和利润额的分析,可以使企业对每个产品的策略有明确的选择。

表4-3 产品项目分析法

比重 \ 产品品种	A产品	B产品	C产品	D产品
销售额比重	50%	35%	5%	10%
利润比重	42%	33%	3%	22%

2.产品定位图分析法

这种方法主要适用于分析各种产品线的产品项目与竞争者同类产品的对比状况,全面衡量各产品项目与竞争产品的市场地位。如F公司有一条纸板生产线,纸板质量衡量因素有纸板的重量和光滑度,纸的重量通常有轻(90)、中(120)、重(150)、超重(180)四个档次,光滑度则有高、中、低三个等级。

F公司共有A、B、C、D四个竞争者,A公司有两个产品项目,均为超重级,光滑度一个在中上,一个在中下。根据定位图F公司可做如下分析:首先,可以明确与本公司竞争的产品,在轻量级、中等光滑度上与D公司产品竞争,在高质量、中等光滑度的纸张上没有直接的竞争对手;其次,可以发现新产品项目的开发方向,高光滑度和低光滑度都没有中、轻重量型产品,如果确有市场,公司可以考虑开发这两种产品;最后,企业还可以借助产品定位图,根据各类用户的购买兴趣来识别市场。F公司的产品较适合一般印刷业需要,由于其产品同时定位于办公用纸和零售用纸的边界,也可考虑这两种市场的需要。

(二)调整产品组合决策

企业调整产品组合,实际上就是根据环境变化、实际需要以及生产经营能力,调整产品组合的宽度、深度和相关性,改善产品组合的结构状况。企业调整产品组合的决策主要有以下几方面内容。

1.调整产品组合深度决策

在这方面,企业可根据情况作出增加产品组合深度和降低产品组合深度的决策。

(1)增加产品组合的深度

增加产品组合的深度,也就是在现有产品大类的基础上增加新的产品项目。增加产品组合深度有4种具体形式。

①产品线向上延伸策略。企业原来生产中档或低档产品,如新推出高档或中档的同类产品,这就是产品线向上延伸策略。这种方式可获得更丰厚的利润,可作为正面进攻的竞争手段,可提高企业的形象,可完善产品线,满足不同层次消费者的需要。

实施这种策略的条件有:企业原有的声誉比较高;企业具有向上延伸的足够能力;实际存在对较高档次的需求;能应付竞争对手的反击。

②产品线向下策略。企业在原来生产高档或中档产品的基础上,再生产中档或低档的同类产品。企业采用这一策略可反击竞争对手的进攻,既可弥补高档产品减销的空缺;又可防止竞争对手乘虚而入。但它可

能给人以"走下坡路"的不良印象,也可能刺激竞争对手进行反击,还可能形成内部竞争的局面。

③产品线双向延伸策略。原来生产中档产品的企业同时扩大生产高档和低档的同类产品。采用这种策略的企业主要是为了取得同类产品的市场地位,扩大经营,增强企业的竞争能力。但应注意,只有在原有中档产品已取得市场优势,而且有足够资源和能力时,才可进行双向延伸,否则还是单向延伸较为稳妥。

④增加不同于现有产品项目类型的新产品项目,即对一个产品大类不是从档次上增加产品项目,而是着眼于开发不同于现有产品项目类型的新产品项目。

企业增加产品组合的深度,可以更好地适应与满足市场需要,提高企业的市场竞争力。企业增加产品组合深度时应注意的一个问题是,企业对产品大类的深度进行低档次扩展后,在向市场推介时应考虑为这些新的产品项目塑造一种适应特定需要的市场形象,避免形成一种低档次产品的市场形象,以便减少顾客购买时心理风险的压力,同时也可以避免对企业高档次产品的市场形象产生不利影响。

(2)降低产品组合的深度

降低产品组合的深度就是根据情况减少现有产品大类中的产品项目。当某些产品项目的市场前景暗淡,或是经营效果不好而且难于改变,就只能淘汰掉。

2.调整产品组合宽度的决策

在这方面,企业可根据情况作出扩展产品组合宽度或缩小产品组合宽度的决策。

(1)企业扩展产品组合的宽度

开发和经营市场潜力大的新的产品大类,扩大生产经营范围以至实行跨行业的多样化经营,有利于发挥企业的资源潜力,开拓新的市场,减少经营的风险性,增强竞争能力。

(2)企业缩小产品组合的宽度

剔除那些获利小、发展前景暗淡的产品大类,缩小生产经营范围,可以集中资源经营那些收益高、发展前景好的产品大类,促进生产经营的专业化程度的提高,向市场的纵深发展,提高市场竞争能力。

3.调整产品组合的相关性

对相关性进行调整,常见的方式是企业增加现有产品组合的相关度,这样可以提高企业在有关专业上的能力,提高企业在某一行业、某一市场上的声誉,巩固与增强企业的市场地位。但是,由于客观需要,企业在经营资源的展开上有时实际是走上了减少产品组合相关度的道路,即增加与现有产品、业务和市场无关的产品业务,实行多样化经营。

企业在调整产品组合时必须注意以下几个方面的制约因素。

(1)自身条件的限制

一个企业拥有的资源能力总是有限的,而且企业总有自己的特长和薄弱环节,因此并不是企业经营任何产品和业务都是有利的。

(2)需求情况的限制

一个企业只能拓宽和加深具有良好成长机会的产品大类和产品项目,为了填补空白而盲目地增加产品大类、产品项目是不可取的。

(3)竞争条件的限制

如果企业增加某一产品大类或某些产品项目将遇到竞争对手的强力反击,利润的不确定性很大、经营的风险性很高、成功的机会很小,那么企业在拓宽或加深产品组合时就必须权衡利弊、慎重决策。

第三节　产品生命周期

一、产品生命周期的概念及其阶段

现代市场营销学十分重视对产品生命周期理论的研究,将其作为企业制定产品决策以及整个市场营销组合决策的重要依据。此外,市场营销中的其他战略和策略的制定也必须适应产品生命周期的变化,这是企业在动态的市场环境中求得生存与发展、赢得有利的市场地位的一个关键性问题。

(一)产品生命周期的概念

产品生命周期是指产品从投放市场到被淘汰出市场的全过程。产品在市场上存在时间的长短受消费者需求变化、产品更新换代的速度等多种因素的影响。产品生命周期与产品的使用寿命概念不同,前者是指产品的市场寿命,在市场上的存在时间,它的长短主要受市场因素的影响;而使用寿命是指从产品投入使用到产品报废所经历的时间,其长短受自然属性、使用频率等因素的影响。市场营销学所研究的是产品市场生命周期。

(二)产品市场生命周期的阶段及其特点

1.产品生命周期的 4 个阶段

产品市场生命由于受到市场诸多因素的影响,生命周期内其销售量和利润额并非一条直线,不同的时期或阶段有着不同的销量和利润。因此,产品市场生命周期各个时期或阶段一般是以销售量和利润额的变化来衡量和区分。

(1)介绍期

介绍期又称引入期、试销期,一般指产品从发明投产到投入市场试销的阶段。其主要特点有:①生产批量小,试制费用大,制造成本高。②由于消费者对产品不熟悉,广告促销费较高。③产品售价常常偏高,这是由生产量小、成本高、广告促销费较高所致。④销售量增长缓慢,利润少,甚至发生亏损。

(2)成长期

成长期又称畅销期,指产品通过试销阶段以后,转入成批生产和扩大市场销售的阶段。其主要特征包括:①销售额迅速增长。②生产成本大幅度下降,产品设计和工艺定型,可以大批量生产。③利润迅速增长。④由于同类产品、仿制品和代用品开始出现,使市场竞争日趋激烈。

(3)成熟期

成熟期又称饱和期,产品在市场上的销售已经达到饱和状态的阶段。其主要特征有:①销售额虽然仍在增长,但速度趋于缓慢。②市场需求趋向饱和,销售量和利润达到最高点,后期两者增长缓慢,甚至趋于零或负增长。③竞争最为激烈。

(4)衰退期

衰退期又称滞销期,产品不能适应市场需求,逐步被市场淘汰或更新换代的阶段。其主要特点有:①产品需求量、销售量和利润迅速下降。②新产品进入市场,竞争突出表现为价格竞争,且价格压到极低的水平。

2.产品生命周期的其他形态

事实上,各种产品生命周期的曲线形状是有差异的。有的产品一进入市场就快速成长,迅速跳过介绍期;有的产品则可能越过成长期而直接进入成熟期;还有的产品可能经历了成熟期以后,进入第二个快速成长期。下面介绍几种特殊的产品生命周期曲线。

(1)不连续生命周期

一些新奇的时髦产品在一段时间内迅速占领市场,又很快退出市场,过一段时间后又开始新的循环。

(2)产品生命周期的再循环

当产品生命周期进入衰退期时,企业为了保持产品的市场份额,延长产品的生命周期,加大营销力度,或采用新的营销手段,使产品又步入一个新的循环周期。

(3)"扇形"生命周期

一种产品由于新产品特性的不断发现、新市场的拓展等因素,产品销售量从一个高潮发展到另一个高潮,销售量不断扩大。

这里对产品生命周期的概念和曲线做以下几点说明。

①销售额曲线和利润额曲线的变化趋势是相同的,但变化的具体时间有所不同。例如,在引入期,销售额曲线为正数,利润额曲线则为负数;在进入成熟期后,销售额曲线还在缓慢上升,而利润额的曲线却已经开始下降,这是由市场竞争激烈、企业被迫压低了产品销售价格、增加服务和推销费用等原因造成的。

②在实际的市场营销活动中,严格界定某一产品生命周期各个阶段

的转折点是很困难的。这些转折点的设定具有一定的主观性,并且它只表示产品生命周期基本上要经过这样几个有区别的阶段而已。

③对产品生命周期的观察是从产品销售额和获利能力的变化上着眼进行的。当销售额持续下降、利润额剧减甚至出现负数,而其他条件正常(如分销渠道畅通、产品质量稳定等)时,就意味着产品的生命周期即将结束。

④以上所介绍的产品生命周期概念和曲线,只反映了大多数产品所要经历的生命过程,但并不是所有产品的生命过程都符合这条曲线描述的形态。由于企业营销、市场需求、市场竞争以及其他因素的影响,往往会使一种品牌产品的生命周期出现很不规则的变化。有些产品的生命周期非常短,上市后就持续处于销售不佳的低迷状态,从介绍期直接进入衰退期;有些产品几乎没有经过介绍期,一上市销售额就迅速增长,直接进入成长期;还有的产品生命周期很长,从成熟期或衰退期第二次甚至多次进入新的成长期。因此,实际生活中的产品生命周期曲线的形状是多种多样、较为复杂的。

⑤产品生命周期概念和曲线,对产品种类、产品形式和产品品牌这三种情况的适用性是有所不同的。其中,产品种类(如食盐、香烟、汽车等)的生命周期最长,这是因为许多产品种类与人口变数(人的需要)高度相关,进入成熟期后生命周期可以无限期地延续下去。产品形式(如食盐、香烟、汽车这些产品种类中各种形式的具体产品)的生命周期是典型的,一般都有规律地经过引入期、成长期、成熟期、衰退期这样几个阶段后退出市场。品牌的生命周期也具有典型性,而且品牌的生命周期是比较短的,因此,典型的产品生命周期指的主要是产品形式、产品品牌的生命周期。尽管产品种类的总体市场需求也会出现周期性波动,从企业战略管理和营销管理角度来看,对其进行预测也具有重要的实际意义,但一般情况下产品种类总体市场需求的周期性波动是不能用一般的产品生命周期概念和曲线来加以定义的。

从以上分析可以得到如下启示。

第一,既然产品种类的生命周期很长,总体市场需求也会出现周期性波动,那么企业为了减少经营的风险性,就应考虑增加一些产品种类,实行多元化经营。

第二,既然产品形式的生命周期依次经过几个阶段后要退出市场,那么企业就应该针对其生命周期不同阶段的特点采取不同的市场营销策略,并根据市场需要的变化不断推出新的产品形式。

第三,既然品牌的生命周期较短,但有的品牌又长期受到人们的欢迎,就要求企业在一个品牌投入市场后,特别是一个品牌在市场上确立信誉后,要特别注意加以维护,以充分发挥其作用。

二、产品生命周期各阶段的营销策略

下面简要分析产品生命周期各阶段的特点以及企业可采取的营销对策。

(一)介绍期的特点与营销策略

1.介绍期的主要特点

①销售费用高。由于新产品刚刚上市,消费者和经销者对它缺乏了解,所以产品销售量增长较为缓慢,加上产品生产批量小、生产成本较高、广告宣传费用开支较大,企业有可能出现亏损。

②风险比较大。由于产品处于初期发展阶段,销售额增长缓慢且不稳定,各种资源的投入比较高,因而新产品淘汰的风险、企业新产品开发投入难以收回的风险都比较大。

③竞争对手较少。一个产品初次进入市场,特别是那些新研制开发出来的品种,往往很少或没有竞争对手。

2.营销策略

在这一时期,企业在确定营销策略时,一方面要充分认识到新产品的发展前景,明白此时的高投入是为了今后的发展;另一方面又要考虑到风险性,采取一定的防范措施。在这一时期,企业最重要的是做出正确的判断,抓住时机采用有效的营销策略占领市场,形成批量规模,以便较快地进入成长期。在介绍期中可供企业选择的营销策略主要有四种。

①快速撇脂策略,即企业以高价格、高促销费用将新产品推向市场,以求尽快打开市场,提高市场占有率,迅速补偿开发投资费用并取得较高的利润。企业实施这种策略应具备三个条件:一是具有一定的经济实力,可以支付高额的促销费用;二是新产品确实有较大的潜在市场需求,而且可以抓住消费者使其愿意出高价去购买;三是面临潜在竞争者的威胁,需要尽快形成产品偏好群并建立品牌声誉。

②慢速撇脂策略,即企业以较高的价格、较低的促销费用将新产品推向市场,以期获得较多的利润。企业实施这种策略的条件是:新产品有效地填补了市场空白;没有现实竞争者而且潜在竞争威胁很小;购买者迫切需要并且愿意出高价购买。

③快速渗透策略,即企业以低价格、高促销费用将新产品推上市场,以求迅速占领市场,取得尽可能高的市场占有率。企业实施这种策略的条件是:新产品的市场潜力很大;消费者对它不了解但对价格比较敏感;面临潜在竞争对手的较大威胁;随着生产规模的扩大可以有效地降低单位生产成本。

④缓慢渗透策略,即企业以较低的价格、较低的促销费用将新产品推上市场。企业采取这种策略,可以用较低的价格提高产品的竞争能力、扩大市场占有率,依靠较低的促销费用减少经营成本、获得较高的盈利。企业实施这种策略的条件是:新产品的市场容量较大;消费者已经十分了解这种产品并且对价格非常敏感;存在着潜在竞争者的一定威胁。

(二)成长期的特点与营销策略

1. 成长期的主要特点

①新产品已经被消费者接受,因而需求量持续上升,分销渠道的建立推动了销售量迅速增长,产品已经在市场上站稳脚跟,市场占有率不断扩大。

②随着新产品基本定型并进入批量生产,规模效益开始呈现,随着新产品的市场声誉不断提高,促销压力有所减缓,随着生产和销售成本的下

降,利润率持续上升。

③竞争者逐渐增多,竞争程度日趋激烈,有时还会出现假冒仿造者。

2.营销策略

在这一时期,企业营销工作的重点是维持市场增长率,延长成长期,提高市场占有率,延续获取最大利润的时间。为了达到这些目标,企业可以采取以下四个方面的营销策略。

①着眼于促销改进。将广告宣传的重心从介绍产品转向树立产品形象上来,在不断扩大产品知名度的同时提高产品的美誉度,树立产品在消费者心目中的良好形象,以便形成稳固的品牌偏好群。

②着眼于产品改进。在改善产品质量的同时,根据消费者的需要努力开发新款式、新型号,提供良好的销售服务,吸引更多的购买者。

③着眼于市场开发。通过市场细分寻找新的尚未满足的市场部分,根据其需要安排好营销组合因素,迅速开辟和进入新的市场。

④着眼于分销改进。在巩固原有的分销渠道的同时增加新的分销渠道,与分销渠道上的成员建立更为协调的关系,促进产品的销售。

⑤着眼于价格调整。选准时机采取降价策略,以激发那些对价格比较敏感的消费者形成购买动机并采取购买行动。

以上这些对策本质上都属于扩张性策略。从近期看,采用这些策略会相应地加大产品的营销成本,降低盈利水平;但是从长远来看,由于企业加强了市场地位,提高了竞争能力,巩固和提高了市场占有率,规模经济降低了单位成本,因此将会获得更多的利润。

(三)成熟期的特点与营销策略

1.成熟期的主要特点

①新产品已经被广大消费者接受,产品的销量达到了顶峰。

②市场潜力逐渐变小并超过饱和,需求放慢,增长速度出现了下滑的迹象,进一步扩大市场份额的余地已经很小。

③市场竞争异常激烈,为了对付竞争对手、维护市场地位,营销成本有所增加,利润达到顶峰后逐渐下滑。

2.营销策略

在这一时期,企业营销工作的重点是稳定市场占有率,维持已有市场地位,通过各种改进措施尽量加长成熟期,以获得尽可能高的收益率。为了实现这些目标,企业可以采取以下三个方面的营销策略。

①市场改进策略,即企业通过发展产品新的用途、改进营销方式和开辟新的市场等途径扩大产品的销售量。

②产品改进策略,即企业通过改进产品来增加产品适应需求的能力,增强产品的市场竞争能力,扩大产品的销售量。这一策略可以通过对产品整体概念所包括的任何一个层次内容的改进来实现。

③市场营销组合改进策略,即企业通过对营销组合因素的综合调整及改进来提高企业适应需求的能力,增强市场竞争能力,扩大产品的销售量。

(四)衰退期的特点与营销策略

1.衰退期的主要特点

①消费者的消费习惯已发生改变化,购买兴趣迅速转向了新产品。

②产品销量趋于迅速下降,企业被迫压缩生产规模。

③价格降到了最低水平,各种促销手段已经不起作用,多数企业无利可图,大量的竞争者放弃市场另谋生路,留下的企业处于维持状态。

2.营销策略

在这一时期,企业的决策者应该头脑冷静,既不要在新产品还未跟上来时就抛弃老产品,以致完全失去已有的市场和顾客;也不要死抱住老产品不放而错过机会,这样使企业陷入困境。在这一时期,企业可以采取以下 3 个方面的营销策略。

①维持策略,即企业继续沿用过去的营销策略,尽量把老产品的销售额稳定在一个水平上,或者把经营资源集中在最有利的细分市场的分销渠道上,以便减缓老产品退出市场速度,这样既可以为新产品研发上市创造一定的时间条件,同时又能从忠实于老产品的顾客中得到利润。

②收缩策略,即企业缩小生产规模,削减分销渠道,大幅度降低促销

水平,尽量减少营销费用,以增加目前的利润,直到该产品完全退出市场。

③放弃策略,即企业对衰落比较迅速的产品,或当机立断完全放弃经营,或将其占用的资源逐渐转向其他的产品。

第四节　产品品牌

一、品牌含义及内容

(一)品牌的含义

品牌是一种名称、术语、标记、符号或设计,或是它们组合的运用,其目的是借以辨认某个销售者或某群销售者的产品和服务,并使之同竞争者的产品和服务区别开来。

品牌具有广泛的含义,它应该包括品牌名称、品牌标志和商标。品牌名称,是品牌中可用口语称呼的一部分,用于经营者及其产品的商业宣传活动;品牌标记,是品牌中可记认但无法用口语称呼的一部分,它包括符号、图案、独特的色彩或字体。某一产品的品牌名称与品牌标记的总和就是该产品的品牌;商标,是经有关政府机关注册登记受法律保护的整体品牌或该品牌的某一部分。

(二)品牌的内容

品牌从本质上说,是传递一种信息,一个品牌能表达 6 层意思。

1.属性

一个品牌首先给人带来特定的属性。例如海尔表现出的质量可靠,服务上乘。"一流的产品,完善的服务"奠定了海尔中国家电第一品牌的坚定基础。

2.利益

消费者购买的是利益而不是属性,属性需要转换成功能和情感利益,属性耐用可以转化为功能利益,如"由于汽车的耐用可以好几年不用买新车"。属性昂贵可以转化为情感利益,如豪华车体现了某人的地位、富有,让人羡慕。

3.价值

品牌能体现某制造商的某种价值,例如"高标准、精细化、零缺陷"体现了海尔的服务价值。

4.文化

品牌可以附加和象征一种文化,例如海尔体现了中国文化,对顾客忠诚。

5.个性

品牌还能代表一定的个性,海尔广告词"真诚到永远",让人一想到海尔就会想到其广告词和其"品牌标记"——两个永远快乐的小伙伴。

6.使用者

品牌还体现购买或使用这种产品的是哪一类消费者,这一类消费者也代表一定的年龄、文化、个性,这对于公司细分市场、市场定位有很大帮助。所以,品牌是一个复杂的符号。一个品牌不单单是一种名称、术语、标记、符号或设计,或它们组合的运用,更重要的是品牌所传递的价值、文化和个性,它们奠定了品牌的基础。

(三)品牌的种类

品牌按照不同的分类标准,可分为不同类型。

1.品牌按照使用主体不同可分为制造商品牌和中间商品牌

制造商品牌系由制造商对其产品自己命名的品牌,如"海尔""华为""娃哈哈",我国知名品牌中大多为制造商品牌。但一些大型的零售商和批发商也研发出自己的品牌,称为中间商品牌或渠道品牌或私人品牌。它们通常以较低的成本购买有过剩生产能力的企业的产品,然后使用自己的品牌。国外有的中间商品牌拥有自己的制造商,这些制造商专门为中间商生产产品,然后使用中间商品牌,这样使中间商获取较高利润。

2.品牌按其辐射范围分为区域品牌、国内品牌、国际品牌

区域品牌是指一个区域之内的产品品牌,只在当地人中享有盛誉,拥

有较高的地区市场占有率;国内品牌是指在国内知名度和美誉度都比较高的品牌,它相对区域品牌来说比较具有竞争力;国际品牌是指在国际市场上有较高知名度、美誉度的品牌,此类品牌具有很强的竞争力。

3.品牌按其持续时间的长短可分为短期品牌、长期品牌、时代品牌

短期品牌是指品牌持续时间短,只在一段时间有一定知名度的品牌;长期品牌是随着产品的生命周期的更替而变化的品牌;时代品牌是指一个时代里经久不衰的品牌。

二、品牌的作用

(一)品牌对生产者的作用

1.有助于销售产品和占领市场

品牌一旦拥有一定的知名度和美誉度后,企业就可利用品牌优势扩大市场,促进消费者的品牌忠诚,品牌忠诚使企业在竞争中得到某些保护,并使它们在制定市场营销计划时具有较大的控制能力。知名品牌一般代表较高的质量和特定的性能,容易吸引新的消费者,从而降低企业的营销费用。

2.有助于稳定产品的价格,降低价格弹性,减小经营风险

由于品牌具有排他专用性,在市场激烈竞争的条件下,一个强有力的知名品牌可以使消费者减少购买过程中的风险,同时,消费者也乐意为此多付出代价,保证企业销售量的稳定。而且,品牌具有不可替代性,是产品差异化的重要因素,能减少价格对需求的影响程度。

3.有助于市场细分和市场定位

品牌有自己的独特风格,除有助于销售外,还有利于企业进行市场细分,企业可以在不同的细分市场推出不同品牌以适应消费者的个性差异,更好地满足消费者需要。

4.有助于新产品开发,节约新产品投入市场成本

一个新产品进入市场,风险是相当大的,而且投入成本也相当高,但

是企业可以成功地进行品牌延伸,借助已成功或成名的名牌,扩大企业的产品组合或延伸产品线,采用现有的知名品牌,利用其一定知名度和美誉度,推出新产品,可以大大降低新产品的开发风险。

5. 有助于应对竞争者的进攻,保持竞争优势

新产品推向市场后,如果非常畅销,很容易被竞争者模仿,但品牌是企业特有的一种资产,它可通过注册得到法律保护。品牌忠诚是竞争者无法通过模仿得到的,当市场趋向成熟,市场份额相对稳定时,品牌忠诚是抵御行业竞争的最有力的武器。品牌忠诚也为其他企业构筑了壁垒。

6. 有助于塑造和宣传企业文化

品牌体现了一种企业文化,通过品牌可以宣传企业的精神,起着扩散企业文化的作用。

(二)品牌对消费者的作用

1. 有利于消费者识别产品的来源或产品的生产者,从而有利于保护消费者利益

《中华人民共和国消费者权益保护法》规定:保护消费者的合法权益是全社会的共同责任,消费者因购买、使用商品或者接受服务受到人身、财产损害的,享有依法获得赔偿的权利。同一品牌商品表明其应该达到同样的质量水平和其他指标,这样消费者在选购商品时只要认清品牌,就能够获得性能适当的商品,如果性能低于应有的标准,消费者就可以与企业进行交涉,保护自己利益。

2. 有助于消费者选购商品,降低消费者购买成本

消费者经过长时间的积累,对品牌有一定的认知,他们很容易辨别哪类品牌适合自己,对品牌的了解大大减少了搜索相关信息的成本。品牌是一个整体概念,它代表着产品的品质、特色、服务,在消费者心中成为产品的标志,这就缩短了消费者识别产品的过程和购买的时间,从而降低了购买成本。

3. 品牌有利于消费者形成品牌偏好

消费者一旦形成品牌偏好,就可以增加消费者的认同和满足感,再继

续购买该品牌时,就会认为他们购买了同类较好的商品,从而获得一种满足。

三、品牌注册与商标

商标也是用来识别不同生产经营者的不同种类、不同品质产品的商业名称及其标志,但商标和品牌两者外延并不相同。

(一)商标的概念与特征

1.概念

商标是产品名称、图案记号,或将两者相结合的一种设计,在向有关部门注册登记后,经批准享有其专用权的标志。在我国,国务院工商行政管理部门商标局主管全国商标注册和管理工作,商标一经商标局核准即为注册商标,商标注册人享有商标专用权,受法律保护。假冒商标、仿冒商标、抢先注册都构成商标的侵权。

根据商标不同的划分标准可划分为不同的种类,具体划分如下。

①根据商标的构成分文字商标、符号商标、图形商标、组合商标、立体商标与非形象商标。

②根据商标的用途分营业商标、等级商标和证明商标。

③根据商标使用者不同分制造商标、销售商标、集体商标和服务商标。

2.商标的特征

①商标是商品或服务的标志。

②商标是受到法律保护的产权标志,是经商标局核准注册而取得的特殊权利,具有独占性,不容他人或企业侵犯。

③商标是生产者或经营者的标志,区别于其他商品,它是企业声誉和评价的象征。

(二)品牌与商标

品牌与商标既有联系又有区别。其联系主要表现为:它们都是无形资产,都具有一定专有性,其目的都是为企业区别于竞争者,有助于消费者识别。品牌的全部或部分作为商标经注册后,这一品牌便具有法律效力;品牌与商标是总体与部分的关系,所有商标都是品牌,但品牌不一定都是商标。

商标与品牌经常被混淆使用。有些人误以为两者无本质区别,其实不然。两者区别主要表现在:品牌是一个商业名称,是一个市场概念,是产品和服务在市场上通行的牌子,是品牌使用者对顾客在产品特征、服务和利益等方面作出的承诺。品牌无须注册,一经注册,品牌就成为商标了。商标是法律概念,商标一般都要注册,它是受法律保护的一个品牌或品牌的一部分,其产权可以转让和买卖。品牌主要表明产品的生产和销售单位,而商标则是区别不同产品的标记。一个企业品牌和商标可以是相同的,也可以不相同;品牌比商标有更广的内涵,品牌代表一定文化,有一定个性,而商标则只是一个标记。

四、品牌策略

(一)品牌成长的一般规律

每个企业都希望自己的品牌成长、壮大,直到成为名牌。从国内外许多著名的企业品牌的成长历程来看,虽各有特色,但都有共同的成长规律可循。

第一,企业品牌在适应市场需求中成长。

第二,企业品牌在激烈的市场竞争中成长。

第三,企业品牌在强化市场营销中成长。

第四,企业品牌在追求技术进步中成长。

(二)品牌策略

1.品牌有无策略

企业决定是否给产品起名字、设计标志的活动就是企业的品牌有无决策。历史上,许多产品不用品牌,生产者和中间商把产品直接从桶、箱子和容器内取出来销售,不用任何辨别凭证。当今,无品牌的产品已经越来越少,像大豆、水果、蔬菜、大米和肉制品等过去从不使用品牌的商品,现在也被放在有特色的包装袋内,冠以品牌出售,以获得品牌化的利益。

尽管品牌化是商品市场发展的趋势,但对于单个企业而言,是否要使用品牌还必须考虑产品的实际情况,因为在获得品牌带来好处的同时,建立、维持、保护品牌也要付出巨大成本,如包装费、广告费、标签费和法律保护费等,所以企业要认真分析利弊。

2.品牌归属策略

企业决定使用品牌以后,就要涉及采用何种品牌,一般有三种选择:第一种是采用本企业的品牌;第二种是对制造商而言使用中间商的品牌;第三种是一部分产品使用生产者品牌,另一部分使用中间商品牌。

一般情况下,品牌是制造商的产品标记。制造商决定产品的设计、质量、特色等。享有盛誉的制造商还将其商标租借给其他中小制造商,收取一定的特许使用费。近年来,西方国家许多享有盛誉的百货公司、超级市场、服装商店等都使用自己的品牌,有些著名商家经销的 90% 商品都用自己的品牌。同时强有力的批发商中也有许多使用自己的品牌,增强对价格、供货时间等方面的控制能力。

3.品牌名称策略

企业决定其所有产品是使用一个品牌,还是不同产品分别使用不同品牌的过程,就是品牌名称决策。品牌名称策略大致有以下 4 种可能的选择。

①统一品牌,即企业的所有产品都使用同一种品牌。对于那些享有较高声誉的著名企业,所有产品采用统一品牌名称可以充分利用其名牌效应,使企业所有产品都能获得一定的市场优势。这有利于降低企业宣传介绍新产品的费用开支,有利于新产品进入市场,有利于显示企业整体实力,塑造企业形象。

②个别品牌,即企业决定每个产品使用不同的品牌。采用个别品牌名称,为每种产品寻求不同的市场定位,有利于增加销售额和对抗竞争对

手,还可以分散风险,使企业的整个声誉不会因某种产品表现不佳而受到影响。

③分类品牌,企业使用这种策略,一般是为了区分不同大类的产品,一个产品大类下的产品使用共同的品牌,以便在不同大类产品领域中树立各自的品牌形象,有时即使在同一类产品中,由于品质等级的差异,不同的等级也要使用不同的品牌。

④个别品牌名称与企业名称并用,即企业决定其不同类别的产品分别采取不同的品牌名称,且在品牌名称之前都加上企业的名称。企业多把此种策略用于新产品的开发。在新产品的品牌名称上加上企业名称,可以使新产品享受企业的声誉,而采用不同的品牌名称,又可使各种新产品显示出不同的特色。

4.品牌再定位策略

一种品牌最初在市场上的定位是适宜的、成功的,但是后来由于环境的变化,企业可能不得不对之重新定位。竞争者可能继企业品牌之后推出其自己的品牌,并使企业的市场份额大大减小,顾客偏好也会转移,使对企业产品的需求减少,或者公司决定进入新的细分市场。为了维持企业的市场份额,保持企业竞争力,可以实施再定位策略。

5.品牌延伸策略

品牌延伸是指将一个现有的品牌名称使用到一个新类别的产品上,即将现有的成功品牌,用于新产品或修正过的产品上的一种策略。例如海尔品牌在冰箱上获得成功之后,又利用这个品牌成功地推出了海尔牌的洗衣机、电视机、热水器、电脑等新产品。

品牌延伸的优势:可以加快新产品的定位,保证新产品投资决策的快捷准确;有助于减少新产品的市场风险;品牌延伸有助于强化品牌效应,增加品牌这一无形资产的经济价值;品牌延伸能够增强核心品牌的形象,能够提高整体品牌组合的投资效益。

品牌延伸策略的缺点:如果某一产品出现问题就会损害原有品牌形象,一损俱损;有悖消费心理;实行延伸会影响原有强势品牌在消费者心目中的特定心理定位;容易形成此消彼长的"跷跷板"现象。

6.多品牌策略

多品牌策略指企业为同一种产品设计两种或两种以上相互竞争的品牌。这种策略有助于壮大企业声势,适应消费者不同的需求,挤压竞争者产品,还有利于提高市场占有率,分散企业风险。

企业实施多品牌策略必须考虑企业的盈利水平,因为品牌建立需要一定的资源投入,若不能获得相应的市场份额,就会影响企业的经济效益。同时,还要注意协调好多品牌之间的矛盾。

第五节　产品包装

包装是产品策略的重要组成部分,它不但保证了产品的使用价值,而且还增加了产品的价值,良好的包装是获得市场竞争力的有效手段。

一、包装的含义、种类和作用

(一)包装的含义

包装是指设计并生产容器或包装物的一系列活动。它包括两层含义:一是指盛放或包裹产品的容器或包扎物;二是指设计、生产容器或包扎物并将产品包裹起来的一系列活动。在现实生活中,除了极个别产品不采用包装以外,其余的产品都要进行包装。只有设计好合适的包装,并将产品包装起来,产品的生产过程才算完成。

(二)包装的种类

第一,按包装在流通过程中的作用,包装可分为运输包装和销售包装。①运输包装又称外包装或大包装,是指为了适应储存、搬运过程的需要所进行的包装,主要有纸箱、袋装、防潮、防震装置等包装方式。②销售包装又称内包装或小包装,指为了顾客便于携带、使用、陈列的产品包装。这类包装一般美观大方,它不仅能保护产品,而且能更好地美化和宣传产品,吸引顾客,方便顾客。

第二,按包装所处的层次不同可分为:①首要包装,即产品的直接包装,如牙膏皮、香烟盒等;②次要包装,即保护着首要包装的包装物,如牙膏盒、香烟的条包装;③装运包装,即为便于储运、装卸和防止破损而进行的包装。

第三,按包装技术可分为防水包装、防潮包装、防锈包装、缓冲包装、真空包装等。

(三)包装的作用

现实生活中,包装已成为强有力的营销手段,设计良好的包装能为消费者创造方便价值,为生产者创造促销价值。包装对于企业有着重要的作用。

1.保护商品,便于储运

产品包装最基本的功能便是保护商品,便于储存和运输。有效的产品包装可以起到防潮、防挥发、防污染、保鲜、防变形等一系列保护产品的作用。

2.包装能美化商品,吸引顾客

随着社会的进步,消费者收入的增加,消费者不仅注意产品内在质量,而且注意产品外包装,并愿意为良好包装支付更多的钱。同时良好的包装还能传达有关产品质量、性能等方面的信息,吸引消费者购买。

3.包装还能提供创新的机会

包装的创新能够给消费者带来巨大的好处,也给生产者带来了利润。

二、包装设计的原则和要求

由于产品包装的用途不同,对各类包装的要求也不同。为合理、充分地发挥产品包装的作用,在设计过程中必须遵循一些原则和要求。

(一)基本原则

①安全原则。包装的主要目的是保护商品,安全是产品包装设计必

须考虑的首要原则。因此,包装材料的选择及包装物的制作必须符合产品的物理、化学、生物性能,以确保产品不损坏、不变质、不变形、不渗漏等。

②美观有特色原则。销售包装具有美化商品的作用,因此在设计上要求外形新颖、大方、美观,具有较强的艺术性,并具有较强的个性。

③经济原则。在符合营销策略的前提下,应尽量降低包装成本。要克服那种华而不实的经营作风,注意节约,努力降低产品销售价格。

(二)具体要求

产品的包装除了遵循以上基本原则外,还要符合以下要求。

①显示产品的特色和风格,准确地传递商品信息。包装上的文字、图案、色彩均应与商品的特色和风格相一致。比如,对于选购时不宜打开包装和用眼看、手摸的方式进行判断的商品,应考虑在包装上附商品彩色照片或用文字、图案对商品进行说明和展示。

②包装应与商品的价值和质量相配合。应根据产品质量档次,配上与之相适应的包装,避免出现一等商品、二等包装的尴尬局面。

③包装的形状、结构、大小应为运输、携带、保管、使用提供方便。如对于液体、胶状类商品,可考虑采用喷射式包装;对于经常携带的商品,可采用手提包式包装等。

④包装设计应适合消费者心理。包装设计应美观、新颖、形象生动,同时又应力求避免在消费者中产生不好的联想。因此,企业应考虑不同消费者的消费心理,在此基础上设计和选用包装。

⑤尊重消费者的宗教信仰和风俗习惯。不同国家、不同民族以及不同亚文化群都可能具有不同的宗教信仰和风俗习惯,对此应予以尊重。包装设计时切记避免出现有损消费者宗教感情,引起消费者忌讳的文字和图案。

⑥符合法律规定。必须遵守国家法律对于产品包装袋的要求,避免出现违反法律的包装设计,否则会给企业带来巨大的损失。

三、包装策略

包装作为整体产品的一部分,企业在设计、制造和销售中应配合整个市场营销策略,采用相应的包装策略。

(一)类似包装策略

产品信誉较高的生产经营企业,对其生产的产品采用相同的图案、近似的色彩、相同的包装材料和相同的造型进行包装,便于顾客识别出本企业产品。类似包装不但具有促销的作用,企业还可因此而节省包装的设计、制作费用。但类似包装策略只能适用于质量相同的产品,对于品种差异大、质量水平悬殊大的产品则不宜采用该策略。

(二)配套包装策略

按不同的消费者习惯,将企业生产经营的有关联的产品放在同一包装中,既便于消费者购买、使用和携带,又可扩大产品的销售。在配套产品中如加进某种新产品,可使消费者不知不觉地习惯使用新产品,有利于新产品上市和普及。

(三)再使用包装策略

再使用包装策略指产品使用完后,包装物还可以用于其他的用途。如各种形状的香水瓶可做装饰物,罐头的外包装可用做茶杯或者作为其他容器等。这种包装策略可使消费者感到一物多用而引起其购买欲望,而且包装物的重复使用也起到了对产品的广告宣传作用。但是,企业要谨慎使用该策略,避免因成本加大导致商品价格过高而影响产品的销售。

(四)附赠品包装策略

在商品包装物内附赠奖券或实物,以诱发消费者购买,或包装本身可以换取礼品,引起顾客的惠顾效应,让顾客重复购买。

(五)不同容器包装策略

不同容器包装策略主要根据产品的性质及消费者的使用习惯,设计不同形式、不同重量、不同体积的包装。如将大米包装设计成 5 kg、

10 kg、20 kg 等不同重量的包装,适应了不同消费者的购买习惯。

(六)改变包装策略

改变包装策略即改变和放弃原有的产品包装,改用新的包装。由于包装技术、包装材料的不断更新,消费者的偏好不断变化,采用新的包装以弥补原包装的不足。同时,企业在改变包装的过程中,必须配合好宣传工作,以消除消费者以为产品质量下降等误解。

第六节　新产品开发

一、新产品的概念

(一)新产品的含义

市场营销意义上的新产品含义很广,除包含因科学技术在某一领域的重大发现所产生的科技新产品外,还包括在生产销售方面,只要在功能或形态上比老产品有明显改进,或者是采用新技术原理,新设计构思,从而显著提高性能或扩大使用功能的产品,甚至只是产品从原有市场进入新的市场,都可视为新产品。

现代市场营销观念下的新产品概念是指凡是在产品整体概念中的任何一个部分有所创新、改革和改变,能够给消费者带来新的利益和满足的产品,都是新产品。

(二)新产品的分类

按不同的划分标准,新产品可以分为不同的种类。

1.按产品研究开发过程划分

①全新产品。这是指应用新原理、新技术、新材料制造出前所未有、能满足消费者一种新需求的产品。它占新产品的比例为 10% 左右。

②改进型产品。这是指在原有产品的基础上进行改进,使产品在结构、品质、功能、款式、花色及包装上具有新的特点和新的突破的产品。改

进产品有利于提高原有产品的质量或产品多样化,满足消费者对产品更高的要求,或者满足不同消费者的不同需求。它占新产品的比例为26%左右。

③模仿型产品。这是指企业对国内外市场上已有的产品进行模仿生产,形成本企业的新产品。这类产品占新产品的比例为20%左右。

④降低成本型产品。这是指企业通过新科技手段,削减原产品的成本,但保持原有功能不变的新产品。这类产品占新产品的11%左右。

⑤重新定位型产品。这是指企业的老产品进入新的市场而被该市场称为新产品。该类产品占新产品的7%左右。

2.按地区、范围来划分

①世界性新产品。这是指世界上第一次试制成功并生产和销售的产品。

②全国性新产品。这是指在国内试制生产并投入市场的产品。

③地区性新产品。这是指在其他地区已投入生产,但本企业所在地区是首次试制成功并投入市场的产品。

④企业新产品。这是指企业采用引进或仿制的方法首次生产和销售的产品。

二、开发新产品的必要性

(一)产品生命周期理论要求企业不断开发新产品

企业也存在着生命周期,如果企业不开发新产品,当老产品走向衰退时企业也同样走到了生命周期的终点。相反,企业如能不断开发新产品,就可以在原有产品退出市场舞台时利用新产品占领市场。一般而言,当一种产品投放到市场时,企业就应当着手设计新产品,使企业在任何时期都有不同产品处在周期的各个阶段上,从而保证企业盈利的稳定增长。

(二)消费需求的变化需要不断开发新产品

随着生产的发展和人们生活水平的提高,消费需求也在不断地发生着变化,产品的生命周期日益缩短。这一方面给企业带来了威胁,另一方面也为企业提供了开发新产品适应市场变化的机会。

(三)市场竞争的不断加剧迫使企业不断开发新产品

现代市场上企业间的竞争日趋激烈,企业要想在市场上保持竞争优势,只有不断创新、开发新产品才能在市场上占据领先地位。

(四)科学技术的发展推动企业不断开发新产品

科学技术的迅速发展,导致了许多高科技新产品的出现,加快了产品更新换代的速度,导致了产品生命周期的缩短、消费需求的发展变化、企业间竞争的加剧,推动着企业不断开发新产品。企业只有不断运用新的科学技术改造自己的老产品、开发新产品才不至于被挤出市场的大门。

总之,在科学技术飞速发展的今天,在瞬息万变的国内国际市场中,在竞争愈来愈激烈的环境下,开发新产品是企业应付各种突发事件、确保企业长期生存与发展的重要条件。

三、新产品的发展趋势

随着市场经济的不断发展,消费者的需求水平不断提高,消费领域也不断地扩大,因而新产品的生产也必须注重发展趋势。

(一)新产品的科技含量不断提高

企业必须在新产品开发中投入更多的科研力量,使之转化成更多的知识经济技术成果,确保新产品更加完美,更具有市场竞争力。

(二)新产品多样化

由于消费者的需求层次不同,喜好也不同,而且复杂多变,因而新产品开发应做到多样化,适应市场的发展趋势,以满足消费者多层次的需求。

(三)产品更美观、更舒适、更适用

消费者的物质文化生活水平不断提高,使得对产品的要求朝着舒适性、艺术性、功能更齐全的方面发展。

(四)"绿色产品"的发展

随着社会公众环保意识的提高,"绿色消费"迅速普及。因此,开发新产品时,除严格做到无污染外,还要注意保护环境,维护生态平衡。

四、新产品的开发程序

一个新产品从独立构思到开发研制成功,其过程主要经历创意产生、甄别创意、形成产品概念、初拟营销规划、营业分析、产品开发、市场试销和商业化八个阶段。

(一)创意产生

创意产生即提出新产品的设想方案,产生一个好的新产品构思或创意是新产品成功的关键。企业通常可以从企业内部和企业外部寻找新产品创意的来源。

①产品属性列举法,指将现有产品的属性一一列出,寻求改良这种产品的方法。

②强行关系法,指列出多个不同的产品或物品,然后考虑他们彼此之间的关系,从中启发更多的创意。

③调查法,即向消费者调查使用某种产品时出现的问题或值得改进的地方,然后整理意见,转化为创意。

④头脑风暴法,即选择专长各异的人员进行座谈,集思广益,以发现新的创意。

(二)甄别创意

所谓甄别创意,就是对取得的创意加以评估,研究其可行性,并筛选出可行性较高的创意。创意甄别的目的就是淘汰那些不可行或可行性较低的创意,使公司有限的资源集中于成功机会较大的创意上。

甄别创意时,一般要考虑以下因素:一是环境条件,涉及市场的规模与构成、产品的竞争程度与前景、国家的法律与政策规定等方面;二是企业的战略任务、发展目标和长远利益,涉及企业的战略任务、利润目标、销售目标、形象目标等方面;三是企业的开发与实施能力,包括经营管理能力、人力资源、资金能力、技术能力、销售能力等方面。在甄别创意的过程中,企业要尽量避免误舍与误用。误舍就是将有发展前景、适销对路的新产品构思舍弃;误用则是将没有什么发展前景的产品构思付诸实施。这两种失误都会给企业造成重大损失。

(三)形成产品概念

产品创意,是企业从自身角度考虑的它可能向市场提供的产品的构想,是抽象的、模糊的、未成型的产品构思。经过甄别后保留下来的产品创意,必须经过进一步开发、完善才能形成产品概念。产品概念则是企业从消费者的角度对特定创意的详尽描述,是具体化、明确化、已经成型的产品构思。

从产品创意到产品概念一般要经过两个步骤:第一个步骤是产品设计,任务是将产品创意用文字、图形、模型等明确地表现为产品的几种设计方案;第二个步骤是产品鉴定,任务是结合市场定位对每一个产品的几种设计方案进行认真评价修改,通过产品概念的市场实验了解顾客的反应,进一步完善设计方案后加以定型。

(四)初拟营销规划

产品概念形成后,企业的有关人员应该拟定一个新产品的营销规划草案。新产品的营销规划草案由三个部分组成:第一,说明目标市场的规模、结构、行为、新产品的市场定位,未来几年的销售额、市场占有率、利润率等;第二,略述新产品的计划价格、分销渠道、促销方式以及第一年的市场营销预算;第三,阐述新产品的远景、发展情况并提出设想,如长期销售额和利润额目标、产品生命周期不同阶段的营销组合策略等。

(五)营业分析

在这一阶段中,企业应该在营销规划草案的基础上,对新产品未来的销售情况、经营成本和利润率做出进一步的评估,判断其是否符合企业目标的要求,以便决定是否进入新产品的正式开发阶段。

1. 预测新产品的销售情况

企业的财务部门和综合平衡部门可以参照以往开发新产品的情况，比照市场上类似产品的销售发展历史，通过分析竞争因素和市场条件，推算出新产品的销售情况。企业应该着重预测新产品三方面的销售情况。

①上市销售量。这要根据新产品的市场潜力和市场渗透率来做出推断。

②重复购买率。通过预测重复购买率，可以估计新产品（特别是非耐用品）的销售稳定性和生命周期长短。

③未来可能达到的最高和最低销售水平。预测未来的最高和最低销售量，有助于企业了解将承担的风险和可能达到的盈利水平。

2. 推算新产品的成本和利润率

企业的财务部门和综合平衡部门，首先应对新产品的开发费用、新产品进入市场可能发生的各项营销费用以及各项支出做出预算；进而把这些费用综合起来计算出新产品的开发的总成本；最后根据新产品开发总成本和销售情况预测各年度的销售利润率。

（六）产品开发

通过营业分析后，研究开发部门、工程技术部门就可以进入研究试制阶段，只有通过研究试制阶段才能把抽象的产品概念转化为实体形态的产品模型或样品。

在产品概念转化为产品模型或样品后，还要对其进行严格的功能试验和消费者试验。功能试验是在实验室和现场进行的，主要测试新产品的功能性与安全性是否达到了规定的质量标准。消费者试验是把一些样品交给消费者试用以征求他们对新产品的意见，目的是发现新产品使用中的问题并进行必要的改进。只有通过试验过程才能真正检验新产品概念在技术上和商业上是否可行。如果不可行，这项新产品的开发工作就要中止，所耗费的资金也将全部付诸东流。

（七）市场试销

所谓试销，就是企业将新产品与品牌、包装和初步市场营销方案组合起来,然后把新产品小批量投入市场,以检验新产品是否真正受市场欢迎的过程。试销的目的主要有三个:第一,了解消费者和经销商对新产品的反应,如果反应不佳可以停止投产,以减少盲目大批量上市造成的损失;第二,通过试销收集信息,为下一步的营销活动提供依据,以提高市场营销决策的合理性;第三,在试销的过程中,可以发现新产品存在的问题,以便加以改进。

市场试销的规模主要取决于两个方面。

①投资费用和风险的高低。新产品的投资费用和风险高,试验的规模就应大一些,反之就可以小一些。

②市场试验费用的多少和需要时间的长短。新产品的市场试验费用越多、时间越长,市场试验的规模就应越小一些,反之就可以大一些。一般来说,市场试验费用不宜在新产品开发投资总额中占太大比例。

应注意的是,并非所有新产品都必须经过试销,如果企业已经通过各种方式收集到了消费者和经销商的意见,并已经根据这些意见对新产品和营销组合方案进行了改进,而且对新产品的市场潜力有比较准确的把握,就可以不经试销直接大量投放市场。

(八)商业化

新产品试销成功后,就可以正式批量生产,全面推向市场。而企业在此阶段应在以下几方面作好决策。

①何时推出新产品,即在什么时候将产品推入市场最适宜。针对竞争者而言,可以做三种选择:首先进入、平行进入和后期进入。

②何地推出新产品,企业必须制定详细的上市计划,如营销组合策略、营销预算、营销活动的组织和控制等。

③向谁推出新产品,企业把分销和促销目标面向最理想的消费者,利用他们带动其他消费者。

④如何推出新产品,即企业制定较为完善的营销综合方案,有计划地进行营销活动。

五、新产品的推广策略

人们对新产品的接受过程,存在一定的规律性,人们对新产品的接受过程可总结为五个阶段,即"认识—说服—决策—实施—证实"。根据这些阶段的特点,在推广新产品时可以采取以下几种策略。

(一)市场导向策略

市场导向策略即新产品投放市场,促销活动重点应该是向消费者宣传和介绍产品的用途、性能、质量,其主要手段有广告、新闻媒体等,引导和说服消费者购买新产品。

(二)技术领先型策略

技术领先型策略即企业以掌握的先进技术,生产出具有科技含量较高的新产品,推入市场时着重展示产品的技术含量。

(三)竞争性模仿策略

竞争性模仿策略即新产品进入市场时可以采纳或模仿成功品牌经验。如外形、色彩、营销策略等。

(四)综合型策略

综合型策略即新产品投入市场可将市场导向、技术导向、竞争性模仿等策略结合起来使用。

第五章　价格策略

第一节　了解影响定价的因素

一、产品定价的意义

价格策略的研究是市场营销理论中"4Ps"之一。价格策略是指工商企业为其产品制定的定价方针、方法和措施的总称。价格策略在企业市场营销及其经济活动中占据着十分重要的地位,主要表现在两个方面。

(一)价格是企业收入和利润的源泉

企业的收入等于出售的产品与服务的数量与其单价的乘积。利润是收入扣除所有成本后的剩余。所以说,价格是企业收入的关键,是利润的源泉。

(二)价格是获得最大消费者剩余的关键

消费者剩余是指消费者为获得一种商品愿意支付的价格与他取得该商品而支付的实际价格之间的差额。为了尽可能地获得更多的利润(即最大消费者剩余),企业需要选择一个适当的价格,使其最接近目标客户的预期。若价格定得过高,企业就会因此而失去客户;若价格定得过低,企业则会失去本应获得的收入。

二、影响定价的因素

价格作为营销因素组合中最活跃的因素,应对整个市场变化做出灵活的反应。这种变化受到多种因素的影响与制约。

(一)定价目标因素

1.维持生存目标

当企业产品在市场上严重滞销、大量积压、资金周转不灵、企业陷入困境时,企业就不得不以维持企业生存为定价目标。此时,企业可能压低定价,以迅速减少库存、收回资金、克服财务困难为目标,价格甚至可低于成本。

2.利润导向目标

利润导向目标是指企业在定价时,直接以利润高低作为企业的定价目标。

(1)短期利润最大化目标

短期利润最大化指企业以通过最大可能抬高价格的形式,在短期内获得最大利润。

(2)获取预期收益目标

预期收益即是预计的总销售额减去总成本额的差额,可以用两个指标表示:投资收益率、销售收益率。

(3)获得适当的利润目标

适当的利润指中等程度的平均利润,或者说与企业的投资额及风险程度相适应的平均利润。

3.销售导向目标

销售导向目标是指企业以商品销售额作为定价目标,通过销售额的增长来提高企业市场占有率,提高利润。

(1)以促进销售额作为定价目标

以促进销售额作为定价目标即通过价格手段扩大销售。在价格合适时,销售额增加,利润增加;价格低于成本时,销售额增加,利润反而会减少。在价格不变时,销售额增加,市场份额增加;价格降低时,销售额增加,市场份额不一定增加,甚至会减少。

(2)以提高市场占有率(份额)为目标

市场占有率是指企业的产品销售量占市场上同一种产品全部销售量

的百分比。市场占有率高,在价格不变的情况下,销售额就高,利润也高;而且,市场占有率高的企业,在市场定价方面更有发言权。

(3)以达到预期销售额为定价目标

事先制定一个预先想达到的销售额目标,然后确定价格。价格可以高也可以低。

4.竞争导向目标

在市场竞争中,企业以保持或巩固企业的竞争地位为定价目标。

(1)稳定价格目标

为保护自己,打算长期经营,巩固市场占有率,用稳定价格的形式避免竞争,稳定利润。这种形式适用于实力雄厚、规模较大、在同行业中处于领先地位的大公司,公司的产品供求正常,市场竞争不激烈。

(2)应付市场竞争目标

以同行业的大企业的价格为标准,与之保持一定的水平差距,以免在竞争中失败。这种形式适用于难以和大企业竞争的中小企业。

(3)战胜竞争对手目标

通过制定价格,使本企业销量迅速扩大,以占领市场、战胜竞争对手为目标。这种形式适用于产品质量好、产量高、有实力与竞争者抗衡的企业。

对一家公司来说最难办的事情之一就是给一种产品或服务制定适当的价格。在定价方面,公司的相对竞争处境、公司的有关产品或产品种类的战略目标,以及产品在自身生命周期中所处的阶段,这些都是重要的宏观决定因素。

如果公司的主要战略目标是提高盈利能力,而不是增加市场份额,就不宜杀价,而是应当寻求那些愿意接受公司要价的顾客所占的市场部分,而不是为了吸引更大市场部分而降低价格。当然,市场竞争激烈,利润最大化与获取最大限度的市场份额,往往是不切实际的期望。

(二)商品价值与成本因素

价值是形成价格的基础,而成本又是价值的重要组成部分。因此,价格的制定必须考虑这两个重要因素。

1.商品价值

商品价值量的大小决定商品价格的高低。价值反映社会必要劳动消耗,而社会必要劳动消耗是由生产资料消耗价值(C)、活劳动消耗的补偿价值(V)、剩余产品价值(M)所组成,即商品价值＝C＋V＋M。因此,企业制定营销价格时必须首先考虑商品价值的3个组成因素。但是,在一定时期内,价格与价值并不总是相一致的,而是围绕着价值上下波动,当商品供过于求时,价格下降;当商品供小于求时,价格上升。因此,不能把价值看成定价的唯一因素。

2.商品成本

成本是商品价格构成中最基本、最重要的因素,也是商品价格的最低经济界限。在一般情况下,商品的成本高,其价格也高,反之亦然。商品的成本因素主要包括生产成本、销售成本、储运成本和机会成本。

(1)生产成本

生产成本是企业生产过程中所支出的全部生产费用,是从已经消耗的生产资料的价值和生产者所耗费的劳动的价值转化而来。当企业具有适当的规模时,产品的成本最低。但不同的商品在不同的条件下,各有自己理想的批量限度,其生产超过了这个规模和限度,成本反而增加。

(2)销售成本

销售成本是商品流通领域中的广告、推销费用。市场经济下,广告、推销等是销售的重要手段,在商品成本中所占的比重日益增加。因此,在确定商品的价格时必须考虑销售成本这一因素。

(3)储运成本

储运成本是商品从生产者到消费者手中所需的运输和储运费用。商品畅销时,储运成本较少,商品滞销时,储运成本增加。

(4)机会成本

机会成本是从事某一项经营活动而放弃另一项经营活动的机会、另一项经营活动所应取得的收益。但是,商品的成本不是个别企业的商品成本,而是所有生产同一产品的生产部门的平均生产成本。在通常情况下,机会成本对个别企业的商品成本影响比较大,对平均生产成本的影响比较小,因而对商品价格的影响也很小。

(三)市场需求与竞争因素

商品价格,除了成本和价值因素外,在很大程度上还受商品市场供求状况、市场竞争状况以及其他因素的影响。

1. 商品市场供求状况

成本为企业制定其产品的价格确定了底数,而市场需求则是价格的上限。价格受商品供给与需求的相互关系的影响,当商品的市场需求大于供给时,价格应高一些;当商品的市场需求小于供给时,价格应低一些。反过来,价格变动影响市场需求总量,从而影响销售量,进而影响企业目标的实现。因此,企业制定价格就必须了解价格变动对市场需求的影响程度。反映这种影响程度的一个指标就是商品需求的价格弹性。所谓需求的价格弹性,通常简称需求弹性,是指一种物品需求量对其价格变动反应程度的衡量,用需求量变动的百分比除以价格变动的百分比来计算。其公式为:

$$需求弹性 = 需求量变动百分比 \div 价格变动百分比$$

$$Ed = 需求量变动百分比 \div 价格变动百分比$$

$$= \frac{\Delta Q / Q}{\Delta P / P}$$

$$= \frac{\dfrac{Q_2 - Q_1}{Q_1}}{\dfrac{P_2 - P_1}{P_1}}$$

公式中:Ed 代表需求的价格弹性,即弹性系数,ΔQ 代表需求量的变动,Q 代表需求量,ΔP 代表价格的变动,P 代表价格。

不同物品的需求弹性存在着差异,特别是在消费品的需求弹性方面。造成不同物品需求弹性差异的主要因素有以下几个方面。

(1)产品对人们生活的重要性

通常情况下,米、盐等生活必需品需求弹性小,奢侈品的需求弹性大。

(2)商品的替代性

如果一种商品替代品的数目越多,则其需求弹性越大。因为价格上升时,消费者会转而购买其他替代品;价格下降,消费者会购买这种商品来取代其他替代品。

(3)消费者对商品的需求程度

需求程度大的商品,弹性小。如当医药价格上升时,尽管人们会比平常看病的次数少一些,但不会大幅度地改变他们看病的次数。与此相比,当汽车的价格上升时,汽车的需求量会大幅度减少。

(4)商品的耐用程度

一般而言,使用寿命长的耐用消费品需求弹性大。

(5)产品用途的广泛性

用途单一的商品需求弹性小,用途广泛的需求弹性大。

(6)产品价格的高低

价格昂贵的商品需求弹性较大。

由于商品的需求弹性会因时期、消费者收入水平和地区而不同,所以,我们在考虑商品的需求弹性到底有多大时,往往不能只考虑其中的一种因素,而要全面考虑多种因素的综合作用。在我国,彩电、音响、冰箱等商品刚出现时,需求弹性相当大,但随着居民收入水平的提高和这些商品的普及,其需求弹性逐渐变小了。

2. 市场竞争状况

一般来说,竞争越激烈,对价格的影响也越大。

(1)完全竞争对价格的影响

在完全竞争状态下,企业几乎没有定价的主动权。各个卖主都是价格的接受者而不是决定者。在实际生活中,完全竞争在多数情况下只是一种理论现象,因为,任何一种产品都存在一定的差异,加之国家政策的干预以及企业的不同营销措施,完全竞争的现象几乎不可能出现,但是,如果出现了完全竞争,企业可以采取随行就市的价格策略。

(2)完全垄断对价格的影响

完全垄断是指一种商品完全由一家或几家企业所控制的市场状态。

在完全垄断状态下,企业没有竞争对手,可以独家或几家协商制定并控制市场价格。在现实生活中,完全垄断只有在特定条件下才能形成,然而,由于政府干预(如许多国家的反垄断立法),消费者的抵制以及商品间的替代关系,一个或几个企业完全垄断价格的局面一般不易出现。但是,如果出现了完全垄断,则非垄断企业在制定价格时一定要十分谨慎。

(四)国家政策因素

多数国家(包括发达资本主义国家)对企业定价都有不同程度的约束。定价时,企业除了考虑市场调节因素之外还要考虑国家指导性计划因素。

1.企业定价的范畴

(1)国家指导性定价

国家指导性定价是指国家物价部门和业务主管部门规定定价权限与范围,指导企业价格制定和调整的定价方式。其定价方式有以下3种:浮动定价,即国家规定商品基准价格、浮动幅度和方向,企业在规定范围自主定价;比率控制定价,即国家规定商品差价率、利润率与最高限价范围,由企业自行灵活地确定价格;行业定价,指为了避免同行业企业在生产和流通中盲目竞争,国家采取计划性指导,由同行业者共同协商制定商品的统一价格,并共同遵守执行。

(2)市场调节定价

市场调节定价指在遵守政策和法规的前提下,根据市场供求状况、市场竞争程度、消费者行为及企业自身条件等因素的变化趋势,由营销者自行确定商品价格。这种定价主要适用于生产分散、量大、品种多、供求复杂、难以计划管理的商品,且主要依靠价值规律自发调节商品价格。市场调节定价有两种形式:一种是在不受第三方影响下,相互协商议定价格;另一种是企业议价,指商品实行部分指令性计划价格的企业在完成国家任务后的超产部分,企业根据市场状况确定其价格。

2.商品差价与商品比价

商品差价与商品比价,是价格体系的重要组成内容,也是国家价格政策的组成部分。

(1)商品差价

商品差价指同一商品由于销售地区、流转环节、销售季节、质量高低、用途等不同而形成的价格差额。商品差价形成的主要理论依据是上述各种情况下耗用的劳动量不同,形式有地区差价、批零差价、季节差价、平议差价和用途差价等。

(2)商品比价

商品比价指在同一条件下不同商品价格的比例。它由不同商品之间价格量的比值和不同商品的供求状况所决定。比价形式主要有制成品与投入要素比价、替代品比价和连带品比价。

(五)消费行为与心理因素

消费者行为,尤其是心理行为,是影响企业定价的一个重要因素。无论哪种消费者,在消费过程中,必然会产生复杂的心理活动来指导自己的消费行为。面对不太熟悉的商品,消费者常常从价格上判断商品的好坏,认为高价高质。在大多数情况下,市场需求与价格呈反向关系,即价格升高,市场需求降低;价格降低,市场需求增加。但在某些情况下,由于受消费者心理的影响,会出现完全相反的反应。如"非典"初发期,白醋、板蓝根等商品的大幅涨价反而引起了人们的抢购。因此,在研究消费者心理对定价的影响时,要持谨慎态度,要仔细了解消费者心理及其变化规律。

影响企业商品定价的因素非常多,除上述的因素以外,还包括产品的特性、宏观经济环境、货币的价值、汇率、货币流通量、消费者的认知价值等。

第二节 掌握定价方法

一、定价程序

(一)确定定价目标

包括主要投资收益率目标、市场占有率目标、防止竞争目标、利润最大化目标等。

(二)测定需要

企业商品的价格会影响需求,需求的变化影响企业的产品销售以及企业营销目标的实现。因此,测定市场需求状况是制定价格的重要工作。在对需求的测定中,首要的是了解需求对价格变动的反应,即需求的价格弹性。

(三)估算成本

企业在制定商品价格时,要进行成本估算。企业商品价格的最高限度取决于市场需求及有关限制因素,而最低价格不能低于商品的经营成本费用,这是企业价格的下限。

(四)分析竞争状况

对竞争状况的分析,包括 3 个方面的内容:分析企业的竞争地位,协调企业的定价方向,估计竞争企业的反应。

(五)选择定价方法

定价策略中,常见的定价方法有 3 类:成本导向定价法、需求导向定价法、竞争导向定价法。

(六)选定最后价格

在最后确定价格时,必须考虑是否遵循 4 项原则:①商品价格的制定与企业预期的定价目标的一致性,有利于企业总的战略目标的实现;②商品价格的制定符合国家政策法令的有关规定;③商品价格的制定符合消费者整体及长远利益;④商品价格的制定与企业营销组合中的非价格因素一致、互相配合,为达到企业营销目标服务。

二、定价方法

在影响定价的几种因素中,成本因素、需求因素与竞争因素是影响价格制定与变动的最主要因素。企业通过考虑这 3 种因素的一个或几个来定价,但是,在实际工作中企业通常根据实际情况侧重于考虑某一方面的因素并据此选择定价方法,此后,再参考其他方面因素的影响对制定出来的价格进行适当的调整。因此,企业的定价导向可以划分为三大基本类型,即成本导向、需求导向和竞争导向。

(一)成本导向定价法

所谓成本导向定价法,就是企业以成本费用为基础来制定价格,主要包括成本加成定价法、目标利润定价法和边际贡献定价法。

1.成本加成定价法

成本加成定价法即根据单位成本与一定的加成率来确定产品的单位价格,具体有如下两种方式。

(1)成本加成定价

即企业在产品的单位总成本(包括单位变动成本和平均分摊的固定成本)上加一定比例的利润(即加成)来制定产品的单位销售价格。

成本加成定价法中的加成率的计算式:加成率=毛利÷销售成本

产品单价计算公式为:产品单价=单位成本×(1+成本加成率),

$$P=C(1+R)$$

式中:P 为产品价格;C 为单位产品成本;R 为加成率。

(2)售价加成定价法

是以产品的最后销售价格为基数,按销售价格的一定比率来计算加成,然后得出产品的价格。

计算公式为:产品单价=单位成本÷(1−成本加成率)

$$P=C÷(1−R)$$

式中:P 为产品价格;C 为单位产品成本;R 为加成率。

例如,某手机厂商的成本和预计的销售量如下:总固定成本 3 000 000 元,单位变动成本 1 000 元,预计销售量 5 000 部,若该制造商的预期利润率为 20%。如果用成本加成定价法,每部手机确定价格的过程如下:单位成本=单位变动成本+固定总成本÷销售量=1 000+3 000 000÷5 000=1 600 元,产品价格=单位成本×(1+加成率)=1 600×(1+20%)=1 920 元。如果用售价加成法,则每部手机售价为 1 600÷(1−20%)=2 000 元。

由此可以看到,成本加成定价法的关键是加成率的确定。在这方面,企业一般是根据某一行业或某种产品已经形成的传统习惯来确定加成率。但是,不同商品、不同行业、不同市场、不同时间及不同地点的加成率是不同的,甚至同一行业中不同的企业也会有不同的加成率。一般地说,加成率应与单位产品成本成反比;加成率应和资金周转率成反比;加成率应与需求价格弹性成反比(需求价格弹性不变时加成率也应保持相对稳定);零售商使用自己品牌的加成率应高于使用制造商品牌的加成率。加价定价法是一种传统的定价方法,优点是计算简便。但由于只是从企业角度出发,而没有考虑市场需求和竞争对手的情况,加成定价法经常被认为是落后的,是生产者导向观念指导下的产物。

2. 目标利润定价法

目标利润定价法也称为目标收益定价法、投资报酬定价法,这是制造企业普遍采用的一种定价方法。该方法的操作过程是企业在单位总成本、预计销售量等指标的基础上,考虑企业的投资所能获得的投资报酬率来制定价格。公式为:

价格=单位成本+(总投资额×投资利润率)÷预计销售量

假设上述手机厂投资 1 000 万元,想要获得 20% 的投资报酬率,则其目标收益价格应=1 600+(10 000 000 000×20%)÷5 000=2 000(元)。

如果企业对成本和预测的销售量都计算得较准确,采用这种方法确定的价格能实现 20% 的投资收益,且计算非常简单。但是,销售量要受到市场需求、竞争状况等诸多因素的影响,企业还应考虑销售量达不到 5 000 部的状况。我们可以绘制一张保本图来了解其他销售水平的情况。假设固定成本始终保持为 300 万元,在固定成本上附加上变动成本,总成本随着销售量增加而直线上升,总收入曲线从零开始,以价格为斜率,随市场销售量而上升。

保本销售量的计算公式为:

保本销售量=固定成本÷(价格-变动成本)=3 000 000÷(2 000-1 000)=3 000(部)

以每部 2 000 元销售,至少要销售 3 000 部手机才能保证企业不发生亏损,即总收入可弥补总成本。若企业希望在市场上能以 2 000 元的价格销售 5 000 部手机,此时 1 000 万元的投资将获利 200 万元。然而,这在很大程度上取决于价格弹性和竞争者的价格。

成本导向定价法曾一度为多数企业所推崇,因为它简单易行。但是,这种定价导向存在很明显的缺陷。在大多数行业中,要在产品价格确定之前确定产品单位成本是不可能的,这是因为单位成本随产品的销量而变化。为了解决确定单位成本的问题,成本导向的定价者,只能假设产品价格不影响销售数量,销售量也不影响成本,这显然与实际情况相违背。成本导向定价往往容易导致在市场疲软时定价过高,在市场景气时定价过低。

从国际上看,定价问题的特点有了相当大的变化。除了极少数企业外,都废弃了单纯的成本导向定价法,而转变为需求导向定价法和竞争导向定价法,基于竞争和消费者心理的定价策略越来越受到重视。

(二)需求导向定价

现代市场营销观念要求,企业的一切生产经营必须以消费者需求为中心,并在产品、价格、分销和促销等方面予以充分体现。只考虑产品成本,而不考虑竞争状况及顾客需求的定价,不符合现代营销观念。根据市场需求状况和消费者对产品的感觉差异来确定价格的方法叫需求导向定价法,又称"市场导向定价法""顾客导向定价法",主要包括认知价值定价法、反向定价法、需求差异定价法、价值定价法、集团定价法等,其中需求差异定价法将在定价策略中专门论述。

1.认知价值定价法

认知价值定价法是指企业依据消费者对商品价值的理解,而不是依据企业的成本费用水平来定价,通过运用各种营销策略和手段,在消费者心目中建立并加强认知。认知价值定价法的关键和难点,是获得消费者对有关商品价值认知的准确资料。企业如果过高估计消费者的认知价值,其价格就可能过高,难以达到应有的销量;反之,若企业低估了消费者的认知价值,其定价就可能低于应有水平,使企业收入减少。因此,企业必须通过广泛的市场调研,了解消费者的需求偏好,根据产品的性能、用途、质量、品牌、服务等要素,判定消费者对商品的认知价值,然后据此来定价。如假设某家庭一个月用两瓶酱油,其单价为8.9元,现有一种浓缩酱油,一瓶可让同样的家庭使用一个月,则对其定价为16元一瓶是可被消费者接受的,因为每月可为消费者节省1.8元。该浓缩酱油的定价是以消费者的认知价值为基础的,而不是以产品的实际成本为基础。认知价值定价法的关键在于提供并向潜在顾客展示比竞争者更高的价值。

2.反向定价法

反向定价法主要不是考虑产品成本,而是重点考虑需求状况,依据消费者能够接受的最终销售价格,反向推算出中间商的批发价和生产企业的出厂价格。反向定价法被分销渠道中的批发商和零售商广泛采用。该方法的特点是:价格能反映市场需求情况,有利于加强与中间商的良好关系,保证中间商的正常利润,使产品迅速向市场渗透,并可根据市场供求情况及竞争状况及时调整,定价比较灵活。

3.价值定价法

价值定价法的实质,就是重新发现产品的价值,为利润战略寻找站得住脚并且能够实施的依据。企业根据其产品的差异性、所面临的竞争、细分市场等状况,决定其产品在市场中的认知价值,以该认知价值作为定价的基础,制定价格。

一方面,企业成功制定更高价格是价值定价法的一种。因为,企业的终极目标是利润最大化,而价格对利润有着比其他因素(单位变动成本、固定成本、销售量等)大得多的杠杆效应。在其他利润要素不变的情况下,将价格提高10%,企业的利润增幅将达到100%。而单位变动成本下降10%,只能带来60%的利润增幅;销量10%的增加,只能带来40%的利润增加。由此可见,价格的杠杆效应,远高于同等幅度的销量或者成本的改善所能带来的效应。

化妆品企业正是成功使用了价值定价法,把制造成本30多元的产品卖到 100 元,创造了超过 60％的毛利率和 18％的运营利润率,这是它为所有女性营造了一种"良好感觉"而应得的回报。

一般来说,价值定价法常常是通过差异化的产品或服务、技术创新等竞争力实现的。有时候,垄断地位也能给价值定价带来便利。

另一方面,顾客都希望从购买的商品中获取高价值,所以,采用以低价出售高质量供应品的价值定价法在某种程度上可获得顾客忠诚。其主要的表现形式就是天天低价定价法,被许多零售商采用。这种定价方法强调把价格定得较低,但它们的定价并非总是市场上的最低价。因此,从某种意义上说,"天天低价"中的"低"并不一定最低。对这种定价方法更准确的表述应该是"每日稳定价",因为它防止了每周价格的不稳定性。成功运用天天低价法会使零售商从与对手的残酷价格战中撤出。一旦顾客意识到价格是合理的,他们就会更多、更经常地购买。天天低价法下的稳定价格还减少了高/低定价法中的每周进行大量促销所需要的广告,而是把注意力更多地放在塑造企业形象上。另外,天天低价法的销量和顾客群都较稳定,不会因贱卖的刺激而产生新的突发消费群,因而销售人员可以在稳定的顾客身上花更多的时间,多为顾客着想,提高企业整体服务水平。

价值定价法基本程序是企业分析其产品的差异性及目标细分市场的特点,为产品找准市场定位,然后围绕着这一定位制定促销、宣传、分销等营销战略,达到预期中的顾客认知价值,这一价值就是顾客愿意支付的价格。然后根据这一价值来定价,并根据定价来决定成本和利润的比例。

4. 集团定价法

为了给顾客以更多的实惠,不少企业制定了一系列团购价,尤其是对一些金额较大的商品如小汽车,顾客自发组织起来以团购价购买,可以大大降低购买价格。互联网的兴起更加便利了这种方式,毫不相识的顾客通过互联网,可以加入企业已有购买意向的顾客当中,当购买量达到一定标准后,顾客便可以理想的价格进行购买。当然这种方式对顾客的耐性是一种挑战,因为有些顾客可能等不到集团价格实行的时候就退出了。

(三)竞争导向定价

竞争导向定价是指在激烈的竞争性市场上,企业通过研究竞争对手的生产条件、服务状况、价格水平等因素,依据自身的竞争实力,参考成本和供求状况来确定商品的价格。其特点是,价格的制定以竞争者的价格为依据,与企业自身商品的成本及市场需求状况不发生直接关系。竞争导向定价主要包括以下几个方面。

1.通行价格定价法

通行价格定价法也称随行就市定价法、流行水准定价法,是指企业按照行业的现行平均价格水平来定价,利用这样的价格来获得平均报酬。在企业难以估算成本,打算与同行业竞争对手和平共处,另行定价时很难估计购买者和竞争者对本企业价格的反应,经营的是同质产品,且产品供需基本平衡时,采用这种定价方法比较稳妥。这样定价易于被消费者接受,可以避免激烈竞争特别是价格竞争带来的损失,同时,可以保证适度的盈利。另外,由于企业不必去全面了解消费者对不同价差的反应,可为营销、定价人员节约很多时间。

采用通行价格定价法,最重要的就是确定目前的"行市"。在实践中,"行市"的形成有两种途径。第一种途径是在完全竞争的环境里,各个企业都无权决定价格,通过对市场的无数次试探,相互之间取得一种默契而将价格保持在一定的水准上。第二种途径是在垄断竞争的市场条件下,某一部门或行业的少数几个大企业首先定价,其他企业参考定价或追随定价。

2.封闭式投标拍卖定价法

许多大宗商品、原材料、成套设备和建筑工程项目最终的买卖和承包价格就是通过此方法确定的。其具体操作方法是首先由采购方通过各平台刊登广告或发出函件说明拟采购商品的品种、规格、数量等具体要求,邀请供应商在规定的期限内投标。供应商如果想做这笔生意就要投标,即在规定的期限内填写标单,填明可供应商品的名称、品种、规格、价格、数量、交货日期等,密封送给招标人(采购方)。采购方在规定的日期内开标,选择报价最合理的、最有利的供应商成交并签订采购合同。一般说来,招标方只有一个,处于相对垄断地位,而投标方有多个,处于相互竞争地位,因此,最后的价格是供应商根据对竞争者报价的估计制定的,而不是按照供应商自己的成本费用或市场需求来制定的。

第三节　运用定价策略制定与调整价格

一、新产品定价策略

企业在向市场上推出新产品时,首先要考虑的便是新产品的定价问题,新产品的定价策略选择得正确与否,将直接关系到新产品能否顺利地打开和占领市场,能否获得较大的经济效益。新产品的定价策略主要有3种:撇脂定价、渗透定价和满意定价策略。

(一)撇脂定价

撇脂定价又称取脂定价、撇油定价,该策略是一种高价格策略,是指在新产品上市初期,将新产品价格定得较高,以便在较短的时间内获取丰厚利润,尽快收回投资,减少投资风险。这种定价策略因类似于从牛奶中撇脂奶油而得名,在需求缺乏弹性的商品上运用得较为普遍。

一般情况下,撇脂定价适用于如下情形:①流行商品、全新产品或换代新产品上市之初。在这个时期,顾客对新商品尚无理性的认识,此时的购买动机多属于求新求奇。利用这一心理,企业通过制定较高的价格,不但获利颇丰,还可以提高产品身份,创造高价、优质、名牌的印象。②受专利保护的产品、难以仿制的产品。由于在市场上该企业是独家经营,没有其他竞争者,此时的高价比较容易被消费者接受。③新产品与同类产品、替代产品相比具有较大的优势和不可替代的功能。④新产品采取高价策略获得的利润足以补偿因高价造成需求减少所带来的损失。

撇脂定价的优势非常明显,在顾客求新心理较强的市场上,高价有助于开拓市场;主动性大,产品进入成熟期后,价格可分阶段逐步下降,有利于吸引新的购买者;价格高,限制需求量过于迅速增加,使其与生产能力相适应。

当然,运用这种策略也存在一定的风险,高价虽然获利大,但不利于扩大市场、增加销量,也不利于占领和稳定市场;价格远远高于价值,在某种程度上损害了消费者利益,容易招致消费者的抵制,甚至会被当作暴利来看待,损坏企业形象;容易很快招来竞争者,迫使价格下降,好景不长。因此,在消费者日益成熟、购买行为日趋理性的今天,采用这一定价策略必须谨慎。

(二)渗透定价

与撇脂定价策略相对立的是渗透定价策略,这是一种低价策略,又称薄利多销策略,指在新产品投入市场时,利用消费者求廉的消费心理,有意将价格定得很低,以吸引顾客,迅速扩大销量,提高市场占有率。这种定价策略适用于新产品没有显著特色、产品存在着规模经济效益、市场竞争激烈、需求价格弹性较大、市场潜力大的产品。低价可以有效地刺激消费需求、阻止竞争者介入从而保持较高的市场占有率、扩大销售而降低生产成本与销售费用。

对于企业来说,撇脂策略和渗透策略何者为优,不能一概而论,需要综合考虑市场需求、竞争、供给、市场潜力、价格弹性、产品特性、企业发展战略等因素才能确定。在定价过程中,往往要突破许多理论上的限制,通过对选定的目标市场进行大量调研和科学分析来制定价格。

(三)满意定价

满意定价策略也叫适价策略,是一种介于撇脂定价和渗透定价之间的价格策略。该策略是指企业将新产品的价格定得比较适中,以便照顾各方面的利益,使各方面都满意。由于撇脂定价策略定价过高,对消费者不利,可能遇到消费者拒绝,具有一定风险;渗透定价策略定价过低,虽然对消费者有利,但容易引起价格战,且由于价低利薄,资金的回收期也较长,实力不强的企业将难以承受;而满意价格策略采取适中价格,基本上能够做到供求双方都比较满意,因此,不少企业采取满意定价策略。有时,企业为了保持产品线定价策略的一致性,也会采用满意定价策略。

满意定价策略由于获得的是平均利润,既可吸引消费者,又可避免价格竞争,从而能在市场上站稳脚跟,获得长远发展,但要确定企业与顾客双方都比较满意的价格比较困难。

二、折扣定价策略

折扣定价策略是指销售者为回报或鼓励购买者的某些行为,如批量购买、提前付款、淡季购买等,将其产品基本价格调低,给购买者一定的价格优惠。具体办法有:现金折扣、数量折扣、功能折扣、季节性折扣、促销折扣等。

(一)现金折扣

现金折扣是为了鼓励顾客尽早付款,加速资金周转,降低销售费用,减少企业风险,而给购买者的一种价格折扣。财务上常用的表示方式为"2/10,n/30",其含义是双方约定的付款期为 30 天,若买方在 10 天内付款,将获得 2% 的价格折扣,超过 10 天,在 30 天内付款则没有折扣,超过 30 天要加付利息。现金折扣的前提是商品的销售方式为赊销或分期付款,因此,采用现金折扣一般要考虑 3 个因素:折扣比例、给予折扣的时间限制、付清全部货款的期限。

(二)数量折扣

数量折扣是因买方购买数量大而给予的折扣,目的是鼓励顾客购买更多的商品。购买数量越大,折扣越多。其实质是将销售费用节约额的一部分以价格折扣方式分配给买方。目的是鼓励和吸引顾客长期、大量或集中向本企业购买商品。数量折扣可以分为累计数量折扣和非累计数量折扣两种形式。累计数量折扣规定顾客在一定时间内,购买商品若达到一定数量或金额,则按其总量给予一定折扣,其目的是鼓励顾客经常向本企业购买,成为可信赖的长期客户。非累计数量折扣也称一次性数量折扣,该折扣规定一次购买某种产品达到一定数量或购买多种产品达到一定金额,则给予折扣优惠,其目的是鼓励顾客批量或集中购买,促进产品的快速销售,加快资金周转。

(三)功能折扣

功能折扣又称交易折扣、贸易折扣,是企业根据其中间商在产品销售中所承担的功能、责任和风险的不同,而给予的不同价格折扣,以补偿中间商的有关成本和费用。对中间商的主要考虑因素有:在分销渠道中的地位、对生产企业产品销售的重要性、购买批量、完成的促销功能、承担的风险、服务水平、履行的商业责任以及产品在分销中所经历的层次和在市场上的最终售价,等等,目的在于鼓励中间商大批量订货,扩大销售,争取顾客,与生产企业建立长期、稳定、良好的合作关系。一般而言,给予批发商的折扣较大,给予零售商的折扣较少。

(四)季节折扣

季节折扣是企业为在淡季购买商品的顾客提供的一种价格折扣。由于有些商品的生产是连续性的,而其消费却具有明显的季节性,通过提供季节折扣,可以鼓励顾客提早进货或淡季采购,从而有利于企业减轻库存,加速商品流通,迅速收回资金,促进企业均衡生产,充分发挥生产和销售潜力,避免因季节需求变化所带来的市场风险,如商家在夏季对冬季服装进行的打折促销便是季节折扣。

(五)促销折扣

促销折扣指企业在进行促销活动的过程中给顾客价格上的优惠。由于促销活动往往是在一定期限内进行,因此,这种折扣一般有时间上的限制。具体方法是这样:先发一公告,介绍某商品品质性能等一般情况,再宣布打折扣的销售天数及具体日期,最后说明打折方法:第一天打九折,第二天打八折,第三、四天打七折,第五、六天打六折,依此类推,到第十五、十六天打一折。这个销售方法的实践结果是:第一、二天顾客不多,来者多半是来探听虚实和看热闹的。第三、四天人渐渐多起来。第五、六天打六折时,顾客像洪水般地拥向柜台争购。以后连日爆满,没到一折售货日期,商品早已售缺。

这是一则成功的促销折扣定价策略,妙在准确地抓住了顾客购买心理,有效地运用了折扣售货方法销售。人们当然希望买质量好又便宜的货,最好能买到以二折、一折价格出售的货,但是有谁能保证到你想买时还有货呢?于是出现了头几天顾客犹豫,中间几天抢购,最后几天买不到者惋惜的情景。

三、心理定价策略

心理定价策略是企业针对消费者的不同消费心理,制定相应的商品价格,以满足不同类型消费者的需求的策略。常用的心理定价策略一般包括以下几种:

(一)尾数定价

尾数定价又称"奇数定价""非整数定价",是指企业利用消费者求廉、求实的心理,故意将商品的价格带有尾数,以促使顾客购买商品,这种定价方法多用于中低档商品。心理学家的研究表明,价格尾数的微小差别,能够明显影响消费者的购买行为。如将肥皂的零售价定为 3.9 元而不是 4.1 元。虽然前后仅相差 2 角钱,但会让消费者产生一种前者便宜很多的错觉。有时价格为尾数让消费者觉得真实,如 98.95 元一瓶的葡萄酒,让消费者觉得其价格是经过企业仔细算出来的,给人以货真价实的感觉。有时候尾数的选择完全是出于满足消费者的某种风俗和偏好,如西方国家的消费者对"13"忌讳,日本的消费者对"4"忌讳。我国的消费者则喜欢尾数为"6"和"8"。

当然,企业要想真正地打开销路,占有市场,还是得以优质的产品作为后盾,过分看重数字的心理功能,或流于一种纯粹的数字游戏,只能哗众取宠于一时,从长远来看却于事无补。

(二)整数定价

整数定价是指针对消费者的求名、求方便心理,将商品价格有意定为以"0"结尾的整数。在日常生活中,对于难以辨别好坏的商品,消费者往往喜欢以价论质,而将商品的价格定为整数,使商品显得高档,正好迎合了消费者的这种心理。如将一套西服定价为 1 000 元,而不是 998 元,尽管实际价格仅相差 2 元钱,给人的感觉却是这套西服上了一个档次,因为它的价格是在 1 000 元的范围内,而不是 900 元的范围内。因此,对那些高档名牌商品或消费者不太了解的商品,采用整数定价可以提高商品形象。另外,将价格定为整数还省去了找零的麻烦,提高了商品的结算速度。

(三)声望定价

声望定价策略是指根据消费者的求名心理,企业有意将名牌产品的价格制定得比市场中同类商品的价格高。由于名牌商品不但可减轻购买者对商品质量的顾虑,还能满足某些消费者的特殊欲望,如对地位、身份、财富、名望和自我形象的彰显等,因而消费者往往愿意花高价来购买它们。这一方面也反映了企业创名牌、树商誉的重要性。

声望定价往往采用整数定价方式,这更容易显示商品的高档。当然,声望定价策略切不可滥用,一般适用于名优商品,如果企业本身信誉不好、商品的质量也不过硬,采用这一策略反而容易失去市场。另外,为了使声望价格得以维持,有时需要适当控制市场拥有量。

(四)招徕定价

招徕定价是指将某几种商品的价格定得非常之高,或者非常之低,在引起消费者的好奇心理和观望之后,带动其他商品的销售。这一定价策略常为综合性商店、超级市场,甚至高档商品的专卖店所采用。招徕定价运用较多的方法是将少数产品价格定得较低,吸引顾客在购买"便宜货"的同时,购买其他价格比较正常的商品。将某种产品的价格定得较低,甚至亏本销售,而将其相关产品的价格定得较高,也属于招徕定价的一种运用。比如,在选购这些特价商品时,往往还会光顾店内其他价格正常或偏高的商品,这实际上是以少数商品价格的损失来扩大其他商品的销售,增加企业的总体利润。

采用这种策略要注意以下几点：商品的降价幅度要大，一般应接近成本或者低于成本。只有这样，才能引起消费者的注意和兴趣，才能激起消费者的购买动机；降价品的数量要适当，太多商店亏损太大，太少容易引起消费者的反感；用于招徕的降价品，应该与低劣、过时商品明显地区别开来。招徕定价的降价品，必须是品种新、质量优的适销产品，而不能是处理品，否则，不仅达不到招徕顾客的目的，反而可能使企业声誉受到影响。

四、差别定价策略

差别定价是指企业对同一产品或劳务制定两种或多种价格以适应顾客、地点、时间等方面的差异，但这种差异并不反映成本比例差异。差别定价主要有以下几种形式：

(一)顾客细分定价

即企业按照不同的价格把同一种产品或劳务卖给不同的顾客。比如，对老客户和新客户、长期客户和短期客户、女性和男性、儿童和成人、残疾人和健康人、工业用户和居民用户等，分别采用不同的价格。我国的火车票对学生的售价就是半票，比售给一般人的价格要低。

(二)产品式样定价

即企业对不同花色品种、式样的产品定不同的价格，但这个价格对于它们各自的成本是不成比例的。如新潮服装与普通式样的服装虽然成本近似，但价格差异较大。

(三)渠道定价

指企业对经不同渠道出售的同一商品制定不同的价格。如出售给批发商、零售商和用户的价格往往不同。在图书城出售的书与在网上书店出售的书的价格也不一样。

(四)地点定价

即对处于不同地点的同一商品收取不同的价格,即使在不同地点提供的商品的成本是相同的。比较典型的例子是影剧院、体育场、飞机等,其座位不同,票价也不一样。这样做的目的是调节客户对不同地点的需求和偏好,平衡市场供求。

(五)时间定价

即企业对于不同季节、不同时期甚至不同钟点的产品或服务也分别制定不同的价格。如在节假日,旅游景点的收费较高。

差别定价可以满足顾客的不同需要,能够为企业谋取更多的利润,因此,在实践中得到了广泛的运用。但是,实行差别定价必须具备一定的条件,否则,不仅达不到差别定价的目的,甚至会产生负作用。这些条件包括以下方面。

第一,市场能够细分,且不同细分市场之间的需求存在差异。这样顾客就不会因为价格不同而对企业不满。

第二,企业实行差别定价的额外收入要高于实行这一策略的额外成本,这样企业才会有利可图。

第三,低价市场的产品无法向高价市场转移。

第四,在高价市场上,竞争者无法与企业进行价格竞争。

第五,差别定价的形式合法。

五、产品组合定价策略

一家企业往往并非只提供一种产品,而是提供许多产品。产品组合定价策略的着眼点在于制定一组使整个产品组合利润最大化的价格。常用的产品组合定价有以下几种形式。

(一)产品线定价

产品线定价是指根据产品线内各项目之间在质量、性能、档次、款式、成本、顾客认知、需求强度等方面的不同,参考竞争对手的产品与价格,确定各个产品项目之间的价格差距,以使不同的产品项目形成不同的市场形象,吸引不同的顾客群,扩大产品销售,争取实现更多的利润。如某服装店对某型号女装制定 3 种价格:260 元、340 元、410 元,在消费者心目中形成低、中、高 3 个档次,人们在购买时就会根据自己的消费水平选择不同档次的服装,从而消除了在选购商品时的犹豫心理。企业以保本甚至微亏的价格来制定低价产品的价格,往往可增加顾客流,使生产与销售迅速达到一个理想的规模,遏制竞争。高价产品则可树立企业的品牌形象,以超额利润迅速收回投资,增强企业的发展后劲。中价产品通过发挥规模效益可为企业带来合理的利润,维持企业的正常运行。企业采用这一策略要注意档次的划分要适当,商品档次既不要分得过细也不要过粗,价格档次的差距既不要过大也不要过小。

(二)选择特色定价

选择特色定价是指企业在提供主要产品时,还提供各种可选择产品或具有特色的产品。比较典型的例子如餐馆、酒吧等。餐馆的主要提供物为饭菜,另外,顾客还可要烟、酒、饮料等。有的餐馆将食品的价格定得较低,而将烟酒类商品的价格定得较高,主要靠后者赢利;有的餐馆则将食品的价格定得较高,将酒类商品的价格定得较低,以吸引那些爱酒人士。

(三)附属产品定价

附属产品,又称受制约产品,是指必须与主要产品一同使用的产品。大多数企业采用这种策略时,将主要产品定价较低,而附属产品定价较高。以高价的附属品获取高利,补偿主要产品因低价造成的损失。然而,将附属品的价格定得太高也存在一定风险,容易引起不法分子生产低廉的仿制品,反过来与正规商品竞争。

(四)两段定价

服务性企业常常采用两段定价策略,为其服务收取固定费用,另加一笔可变的使用费。景点的旅游者除了支付门票费外,还要为其娱乐项目支付额外的费用。企业一般对固定费用定价较低,以便吸引顾客使用该服务项目,而对使用费定价较高,以保证企业充足的利润。关键是确定固定费用和可变费用的相对比例,考虑怎样设置能获得整体收益的最大化。

(五)副产品定价

在生产加工石油、钢铁等产品的过程中,常常会产生大量的副产品。有些副产品本身对顾客就有价值,因此企业切不可将它们白白浪费掉,而应对它们合理定价,销往特定市场。这可为企业带来大量收入,同时也有利于企业为其主要产品制定低价,提高主要产品的竞争力。如炼铁过程中产生的水渣,是水泥工业的主要原料。

(六)产品捆绑定价

企业常常将一些产品捆绑在一起进行销售,捆绑价低于单件产品的价格总和。如化妆品公司将润肤露、洗发水、咖喱水、防晒霜等捆绑在一起进行销售,虽然有的消费者并不需要其中的某项,但看到价格比单件购买便宜很多,便买下了。因而,在一定程度上,这种价格可推动消费者购买。然而,在捆绑定价时要注意使用这一策略的灵活性,因为有些理智的消费者往往只是按需购买,他们只需要捆绑组合中的某一种或几种商品,这时企业要能满足他们的要求。

六、价格调整策略

(一)价格调整策略

1. 降价策略

企业降价可能有如下一些原因。

第一,企业生产能力过剩,急需要扩大销量来缓解库存压力,但此时通过加强推销、改进产品或者其他措施都不能达到目的。不过,企业降价容易引起价格战。

第二,企业希望通过降价来夺取竞争者的市场份额。

第三,企业的成本降低,使产品有降价的空间。或者是企业希望通过降价来扩大市场份额,进而达到成本降低的目的。因为,有些产品的潜在顾客由于受其消费水平的限制而放弃购买,企业降价无疑可使这一部分顾客转化为现实顾客,从而增大企业的销量。但此时降价的风险也较高:首先,顾客可能会误认为是产品的质量降低;其次,价格降低在一定时期可买到市场份额,但买不到顾客忠诚,随着竞争者的价格降低,顾客又会转向竞争者。

第四,在经济萧条时期,消费者的购买力下降,他们只愿意买较为便宜的东西,此时企业不得不降价,以适应消费者的购买力水平。

企业降价既可直接将企业产品的目录价格或标价绝对下降,也可灵活地采用变相降价的方式。如通过提供各种折扣、优惠;提供多种免费服务;在价格不变的情况下,提高产品质量、增加产品的性能、增大单位包装的产品含量;允许顾客延期付款;等等。由于这种价格策略较为灵活与隐蔽,不会很快招致竞争者的攻击。

2.提价策略

提价往往容易给企业带来不利影响,如竞争力的下降、消费者的不满、经销商的抱怨等,甚至还会受到政府的干预和同行的指责。然而,一次成功的提价却能大幅度地提高企业利润。

(1)企业提价的因素分析

①为了缓解成本攀升的压力。企业成本的提高或者是由于单方面的原材料价格上涨,或者是由于生产或管理费用提高,或者是由于通货膨胀引起的普遍物价上涨。为了保证利润率不因此而降低,企业不得不采取提价策略。

②企业的产品供不应求。对于某些产品来说,在需求旺盛而生产规模又不能及时扩大而出现供不应求的情况下,可以通过提价来遏制需求,同时又可以取得高额利润,缓解市场的供需矛盾。如我国在黄金周、春节期间的飞机票价格上涨。

(2)企业提价可采取的方式分析

①直接提高商品目录的价格。在企业提价原因不明的情况下,很容

易招致消费者的反感。

②在通货膨胀时期,延缓报价。企业决定暂时不规定最后价格,等到产品制成时或交货时方规定最后价格。对于生产周期较长的商品,如大型机械设备、轮船、飞机的制造,采用延缓报价可减少通货膨胀对企业造成的不利影响。

③采用价格自动调整条款。企业要求顾客按当前价格付款,但在交货时可按某种价格指数调整价格,如在交货时支付由于通货膨胀引起增长的全部或部分费用。这一般适用于施工时间较长的工程,如建筑业。

④将免费项目独立出来收费。如免费送货、免费的零配件都可被重新加以定价。

⑤减少或取消价格折口。如数量折扣、现金折扣等。

在方式选择上,企业应尽可能多地采用间接提价,把提价的不利因素减到最低程度,使提价不影响销量和利润,而且能被潜在消费者普遍接受。同时,企业提价时应采取各种渠道向顾客说明提价的原因。另外,在确定价格调整幅度时,企业应考虑到消费者的反应。

当然,企业也可采取其他方法来避免提价:在价格不变、包装不变的情况下,减少产品的分量;降低产品的质量;减少产品的功能;使用廉价的材料;等等。但是如果这些方法运用不当,容易引起顾客的不满,降低企业形象,给企业的长远发展带来不利影响。

(二)价格变动后的反应

企业价格变动往往容易引起购买者、竞争者、分销商、供应商,甚至政府、新闻媒介等的注意。这里主要分析顾客与竞争者对企业价格变动的反应。

1.顾客的反应

一般情况下,由于价格与需求成反比,因而降价可刺激购买,提价会抑制购买,但也会出现相反的情况。因为顾客对降价可能有以下看法:产品将被换代新产品所替代;产品有缺点,在市场上销售情况不好;企业财务发生困难,可能不会继续经营下去;价格还会进一步下跌,应等待观望;

产品的质量、功能下降,如使用了廉价的原材料。此时,降价反而抑制了购买。另外,顾客对提价的看法可能是:这种商品是抢手货,应赶快购买,以免价格继续上涨。在这种情况下,提价反而有利于商品的销售。

购买者对不同产品价格变动的反应也有所不同:对于价值高、经常购买的产品的价格变动较为敏感;而对于价值低、不经常购买的产品,购买者不大在意。

2.竞争者对价格变动的反应

企业在考虑改变价格时,不仅要考虑到购买者的反应,而且还必须考虑竞争对手对企业的产品价格的反应。

假若企业只有一个强大的竞争者,我们可将竞争者的反应分为以下两种情况。

①竞争者对其对手的价格变更以一种既定的方式做出反应。在这种情况下,竞争对手的反应可以预测。企业可以通过获取并分析该竞争者的内部资料、历史案例来预测其可能的反应,也可以从与该竞争者接触较多的顾客、供应商、代理商、金融机构等方面获取信息来预测其可能的反应。

②竞争者将每一次价格变更都视为一种新的挑战,并根据当时的自身利益做出反应。此时,企业必须了解竞争者当时的自身利益。这就需要对竞争者的财务状况、销售情况、生产能力、顾客的忠诚性及企业目标等进行调查与分析。如果竞争者的经营目标是市场份额,它可能会跟进这次价格变动;如果竞争者的经营目标是获取最大利润,它可能在其他方面做出反应,如增加广告预算、加强产品促销、提高产品质量等。

假若企业同时面临多个竞争者,在调价时就必须估计每一个竞争者的可能反应。如果所有竞争者的行为大体相同,企业只需分析具有代表性的典型竞争者即可。如果每个竞争者在企业规模、市场占有率或企业政策等关键因素上具有显著差异,则他们对价格变动的反应也会有较大区别,此时,企业需对每个竞争者逐一进行分析。

总之,企业在调整价格时,应充分利用内、外资源来推测竞争者可能的反应,以便采取适当的营销对策。

(三)对竞争者价格变动的反应

前面讲的是企业先调价时应预测其他相关方的反应,那么当竞争者的价格先变动时,企业相应地又该如何做出反应呢?

企业对竞争者调价的反应会因市场的不同而不同。在同质产品市场,如果竞争者降价,企业必随之降价,否则企业会失去顾客。如果竞争者提价,且提价对整个行业有利,其他企业会随之提价,但如有一个企业不提价,提价的企业将不得不取消这次提价。在异质产品市场,企业对竞争者价格变动的反应有更多选择的自由,因为,此时的购买者不仅考虑产品价格高低,而且考虑质量、服务、可靠性等因素,因而他们对较小的价格差额并不敏感。

企业在做出反应前,应分析以下问题:竞争者调价的目的是什么? 调价是暂时的还是长期的? 如果企业对此不做出反应,本企业的市场份额和利润将会如何变化? 如果企业对此做出反应,竞争者又会采取什么行动?

作为市场领导者的企业往往会更多地受到其他较小企业的攻击,它们往往通过"侵略性的削价"来抢占市场领导者的市场份额。在这种情况下,市场领导者可有以下几种选择。

1.维持原价

因为市场领导者认为,如果降价就会使利润减少过多;维持原价不会失去很多的市场份额;虽然维持原价会导致目前市场份额降低,但失去的市场阵地很快能重新恢复。

2.维持原价并采用非价格手段进行反击

同时改进产品、服务、沟通等。企业发现运用这种战略比低价经营更划算。

3.降价

市场领导者降价是因为他们认为,降价后成本会随着数量的增加而下降;由于市场对价格很敏感,不降价将使市场占有率大幅下降;维持原价导致市场份额降低后将难以恢复原有的市场份额。如果企业降价,不应降低产品质量和服务水平,否则会损坏企业形象,影响以后的发展。

4. 提价

同时推出某些新品牌,以围攻竞争对手的品牌。

5. 推出廉价的产品线

企业可在竞争者所攻击的产品线中增加廉价的产品,以迎接竞争者的挑战。

第六章　分销渠道策略

第一节　分销渠道的概念和结构

一、分销渠道概念和特征

(一)分销渠道概念

在市场营销理论中,有两个与渠道有关的术语:市场分销渠道和分销渠道。

菲利普·科特勒认为,市场分销渠道和分销渠道是两个不同的概念。他说:"一条市场分销渠道是指那些配合在一起生产、分配和消费某一个生产者的某些商品和服务的一整套所有企业和个人。"这就是说,市场分销渠道包括某一种产品供、产、销过程中的所有有关企业和个人,如供应商、生产者、各类中间商(批发商、零售商、代理商)、辅助商(如支持分销活动的仓储、运输、金融、广告代理机构等)以及最终消费者。分销渠道也叫"销售渠道"或"通路",菲利普·科特勒认为:"一条分销渠道是指某种商品和服务从生产者向消费者转移过程中,取得这种商品和服务的所有权或帮助转移所有权的所有企业和个人。"因此,一条分销渠道主要包括商人中间商(因为他们取得所有权)和代理中间商(因为他们帮助转移所有权)。此外,它还包括作为分销渠道的起点和终点的生产者和消费者,但是,它不包括供应商、辅助商。

现代化大规模生产商并不直接把产品出售给最终用户,而是通过中介机构出售产品,这些中介机构可以是个人或者是组织。有许多不同类型的中介机构,它(他)们承担了产品的买与卖以及其他一些营销功能。

有些中介机构买进产品,获得产品的所有权,又把产品转售出去,从中获得经营差价,这种中介机构称为经销中间商,又称买卖中间商,主要包括批发商和零售商。有些中介机构如经纪人(商),生产制造企业代理商或销售代理人,它(他)们寻找客户,提供信息,但不买进产品,不获得产品的所有权,只是帮助生产者销售产品,它(他)们称为代理中间商。还有一些中介机构像运输公司、仓库出租商、银行、广告代理商等等,它(他)们不进行产品的买卖事项,也不获得产品所有权,只是促进产品的分销与流动,它(他)们称为辅助中间商(机构)。

与分销渠道有所不同的是,分销渠道中不包括供应商以及起辅助作用的中间商,作为帮助企业把产品及所有权从生产者转移到消费者或用户的有关中介单位组成的一个系统,这个系统的起点就是企业自己,即生产者,终点是消费者或用户。产品在这个过程中,所有权至少要转移一次。

(二)分销渠道的特征

分销渠道具有以下四个基本特征。

第一,分销渠道是一个由不同企业或个人构成的一个整体通路,起点一端连接生产者,终点一端连接个人消费者或用户,通过销售渠道,生产者可以使所提供的产品或劳务,源源不断地流向消费者,反映的是完整的商品流通过程。

第二,在分销渠道中生产者向消费者或用户转移产品或劳务,是以商品所有权的转移为前提的。商品流通过程首先是商品价值形态变换的经济过程,只有通过商品货币关系而导致商品所有权随之更迭的买卖过程,才能构成销售渠道,企业的营销目标才能得以实现,反映了产品或劳务价值实现的全过程。

第三,分销渠道是一组路线,是由一系列相互依存的组织按一定目标结合起来的网络系统。其参与者包括批发商、零售商及其他辅助机构,如运输公司、仓库、银行、市场研究公司、广告公司等,在肯定了生产者是销售渠道的起点这个前提下组成的。商品流通过程中各种类型的中间商,是销售渠道中积极活跃的因素。它(他)们共同为解决产品流通问题发挥各自不同的营销功能,形成合作关系;同时也会因不同的利益和其他原因发生矛盾和冲突,需要协调和管理。

第四,分销渠道是一个多功能系统。它不仅要实现购销功能,而且要担负调研、融资、储运、营销等多种职能。通过各渠道成员的努力,满足市场需求,不断开拓新市场。

(三)分销渠道的功能

大多数生产者选择通过分销渠道而不是自己直接将商品出售给消费者,一般来说有两个主要原因:第一,大多数生产者缺乏将商品直接销售给最终顾客所需要的资源和能力,而这正是中间商与中介机构所擅长的。第二,中间商的介入起到了经济节约的作用。

由此可知,分销工作的优劣将直接影响到产品及企业价值的实现,分销对于企业是一种十分重要的营销活动。具体而言,商品从生产者手中转移到消费者手中,分销渠道成员需执行如下一系列的重要功能。

①调研。渠道参与者通过市场调研搜集和整理有关消费者、竞争者以及市场营销环境中的其他影响者或影响力量的信息,并通过各种途径将信息传递给渠道内的其他参与者,为企业正确决策提供辅助。

②促销。渠道参与者需要通过创意的开发与构思,把能够满足消费者需要的产品和服务的信息以顾客乐于接受的、富有吸引力的形式,传递给消费者或用户,实现与顾客充分沟通,促进销售。

③联系。渠道参与者通过寻找潜在客户,与其进行沟通,并为各个细分市场的客户提供便利和服务的同时,接受或争取订单。

④调节。生产者或经营者按顾客要求调整供应物,对商品在分类、分等、装配、包装上进行组合、搭配,以符合购买者需要。

⑤谈判。谈判是买卖者为实现商品所有权的转移就价格以及有关条件进行协商的活动。为实现成员之间互惠互利的合作,分享渠道分工的效益,成员与成员之间、成员与消费者或用户之间要进行谈判,达到有关产品的价格和其他交易条件的最终协议,实现商品所有权的转移。

⑥物流。物流是商品的运输、储存活动。从走下生产线那一刻起,商品就进入流通过程,渠道的参与者开始进行商品实体的运输和储存活动。

⑦融资。融资是生产者或经营者为完成以上各种职能而进行的资金融通活动。不论是生产或商品购销,都需要资金投入,用于渠道成员彼此之间的货款支付、组织的运转开支和劳动者工资。渠道成员只有筹集到足够的资金,才能运作,整个分销渠道才能有效地运转,渠道成员之间才能保持健康的联系。

⑧风险承担。风险承担是指在商品流通的过程中随着商品所有权的转移,市场风险在渠道成员之间的转换与分担。在渠道中,渠道参与者既要通过分工分享专业化所带来的利益,也要共担商品销售中的风险,如由于市场波动、自然灾害等因素造成的损失。中间商一旦加入到某个商品的分销渠道中,就自动地承担起分担该商品销售风险的职能。

二、分销渠道的结构

所谓分销渠道结构,是指参与完成商品所有权由生产制造者向消费者或用户转移的组织或个人的构成方式。选择渠道结构是渠道设计的一项重要内容,包括三个方面的决策:长度结构、宽度结构和系统结构。

(一)长度结构

在分销渠道结构的三项决策内容中,长度是从渠道纵向的角度来考察的,是指从制造商到最终消费者之间所经历的中间环节的多少,是分销渠道结构的首要问题。从纵向来看,消费品和工业品的分销渠道有着显著的区别,因此,分销渠道的长度有两个基本类型:消费品分销渠道和工业品分销渠道。消费品分销渠道涉及消费品从生产者到消费者的转移问题,而工业品分销渠道则是工业品从生产者到其他工业企业或经营组织的转移问题。

1. 消费品分销渠道结构

消费品市场上产品销售渠道结构,概括起来有以下 4 种模式。

(1)零级渠道

零级渠道,也称为直接渠道、直销渠道,是制造商直接把商品卖给消费者或用户、没有中间环节的分销渠道。这种分销渠道尽管不是消费品的主流渠道模式,但也比较常见。例如,有些农民将自己生产的蔬菜、水果等副食品带到城市农贸市场销售,他们实际上就在利用直销渠道。不少公司自设销售机构,也是利用直销渠道来销售其产品。直销渠道可以采取许多不同的形式,常见的有生产企业自己派员上门推销、邮寄销售、电话销售、电视直销、因特网销售等。服务这种特殊的产品由于生产和消费的不可分离性,在多数情况下也需要通过直接的分销渠道来销售,例如电力、金融服务、餐饮等。这种类型的渠道,由生产者把产品直接销售给最终消费者,没有任何中间商的介入,是最直接、最简单和最短的销售渠道。也是最有助于企业接近顾客、了解顾客的行为的分销渠道结构。

除了零级渠道外,消费品其他的分销渠道类型称为中间商渠道或间接渠道,因为在生产者和消费者之间存在第三方作为中介,即中间商。间接渠道可以是一级渠道、二级渠道或三级渠道。

(2)一级渠道

一级渠道是指制造商零售商消费者的渠道模式,是生产商把商品出售给一个中间商,再由该中间商把商品转售给消费者或用户的流通模式。在商品流通实践中汽车生产制造商常用这一渠道模式进行销售。一级渠道模式在消费品的营销中也越来越受到欢迎,尤其是许多规模较大的零售商,既乐于也有实力采取这种方式。在家用电器行业中,大型专业连锁店往往直接从生产制造商大批量进货,从而可以争取较多的价格优惠,降低进货成本。随着零售业连锁经营的发展以及零售商权力的增长,一级分销渠道模式将会得到更大的发展,会有更多的选购品和家庭用品采用这种渠道模式。

(3)二级渠道

二级渠道,即含有两个销售中介机构,是指在商品流通过程中有两个或两种中间商业机构的渠道结构。这种渠道结构在日用消费品流通中使用更为广泛,便利品和易腐食品常常采用,如糖果、洗涤品、水果、蔬菜等,消费者一般不愿意为购买便利品付出过多的精力和时间,这就要求其分销渠道加长、加宽。该渠道结构包含以下两种模式。

第一，制造商→批发商→零售商→消费者。这种模式是消费品销售渠道中的传统模式，为大多数中、小型企业和零售商所采用。过去，我国大部分消费品一般是由一级批发商再分配至二级批发商，然后至三级批发商，最后至零售商售给消费者。

第二，制造商→代理商→零售商→消费者。许多工业企业为了大批量销售产品，通常通过代理商、经纪人或其他代理商，由他们把产品转卖给零售商，再由零售商出售给消费者。

（4）三级渠道

三级渠道，是指制造商→代理商→批发商→零售商→消费者的渠道模式，即在商品流通过程中有三个或三种中间商业机构的渠道模式。技术性强又需要广泛推销的消费品宜采用这种渠道。这种模式是一些大企业为了大量推销产品，常需经代理商，然后通过批发商卖给零售商，最后销售至消费者手中。

现实中还会有更长的渠道，如四级甚至五级分销渠道。对生产制造商而言，分销渠道的级数或中间环节越多，越远离最终消费者，从而获取市场信息和控制市场就越困难。对于消费者来说，渠道级数越多，获得的渠道服务水平越高，商品的价格也就越高。

2.工业品分销渠道结构

与消费品的分销渠道相比，工业品渠道一般来说要短一些。工业品市场上产品销售渠道概括起来有以下四种基本结构。

（1）零级渠道

零级渠道，也称为直销渠道，即制造商→工业品用户的渠道模式，在工业品销售中占主要地位，尤其是生产大型机器设备的企业。工业品与消费品分销渠道的区别之一，便是工业品更多地依赖于直接的渠道，这是因为，工业品的购买者往往在地理位置上比较集中，购买批量大，产品的单位价值也大，而且需要更多的售后服务和技术支持。工业品用户因而更愿意直接从生产制造商那里采购。直销渠道常适用于销售价格较高的工业设备，如飞机、发电设备、电梯等重型机械。在用户数量比较少、产品需要较多服务的情况下，直销渠道对生产制造商来说是较好的选择。

（2）一级渠道

一级渠道有两种模式。

第一，制造商→生产资料经销商→生产资料用户的渠道模式，常为生产普通机器设备及附属设备的企业所采用，如我国机电、石油、化工等部门，常常利用工业品经销商把产品卖给用户。

第二，制造商→代理商→生产资料用户的渠道模式，通常被没有设置专门销售部门的企业所采用。如我国的一些机电产品厂家通过国外的代理商将产品卖给国外的用户。

（3）二级渠道

二级渠道，即制造商→代理商→生产资料经销商→生产资料用户的渠道模式，与一级渠道中第二种模式基本相同，只是由于某种原因，不宜由代理商直接卖给用户而需经经销商这一环节。尤其是产品的单位销量太小或需要分散存货，经销商的功用就更为必要。工业品分销渠道中除零级渠道外，其他形式的渠道为间接渠道。随着客户数量的增加，生产制造商利用直销渠道销售产品的效率会下降，而利用间接渠道的效率则会增加。因此，除了工业设备以及按用户规格要求生产的工业品外，间接渠道也是工业品常用的渠道模式。但与消费品营销相比，工业品的间接渠道一般更短一些。

（二）宽度结构

分销渠道的宽度是指分销渠道中每一层级中使用同种类型中间商数目的多少。若制造商选择较多的同类中间商经销其商品，其分销渠道称为宽渠道；反之，若制造商选择较少的同类中间商经销其商品，则称为窄渠道。分销渠道的宽度结构主要有以下 3 种类型。

1. 独家型

独家型分销渠道是指制造商在某一地区市场仅选择一家中间商经销其商品而形成的渠道。采用独家型分销渠道的制造商要与被选中的中间商签订独家经销合同，约定独家经销商只能经销该制造商提供的产品，不得经销其他制造商与该制造商相同的或类似的商品。制造商在商品供应、运输、仓储和服务等方面支持经销商，同时也控制经销商，反过来，由于经销商只有一家,如果经销商表现不佳,对制造商的影响是很大的,所以制造商与经销商的通力配合是独家型分销渠道发挥作用的关键。

2.密集型

密集型分销渠道是指制造商通过尽可能多的中间商经销其商品而形成的渠道。密集型分销渠道通常能扩大市场覆盖面,或使某产品快速进入新市场,使众多消费者或用户随时随地都能买到这些产品。消费品中的便利品和工业品中的作业品(如办公用品等),通常使用密集型分销渠道。由于密集型分销渠道的中间商很多,各个中间商一般不愿意进行有可能为其他中间商带来利益的促销活动,所以,采用密集型分销渠道策略的制造商要多做一些促销工作。

3.选择型

选择型分销渠道是指制造商按一定条件选择两个或两个以上同类中间商经销其商品而形成的渠道。与密集型分销渠道相比,选择型分销渠道通常由实力较强的中间商组成,可以集中使用制造商的资源,节省一定的费用。同时,选择型分销渠道也有利于制造商管理和控制,能较有效地维护制造商品牌信誉,建立稳定的市场和竞争优势。这类渠道多用于消费品中的选购品、特殊品和工业品中的零配件等。

(三)系统结构

任何一条分销渠道都包括若干成员,这些成员像接力赛一样,完成商品从制造商到消费者的传递过程,而这些成员间的关系状况则构成分销渠道系统结构。按照渠道成员相互联系的紧密程度,可将分销渠道的系统结构分为传统渠道系统、垂直渠道系统、水平渠道系统和复合渠道系统4种。

1.传统渠道系统

传统渠道系统,又称松散型渠道系统,是指由独立的制造商、批发商、零售商和消费者构成的渠道。各渠道成员都为追求自身利益最大化而展开激烈的竞争,甚至不惜牺牲整个渠道系统的利益,最终使整个渠道效率低下。在传统渠道系统中,很难有一个渠道成员能完全控制其他渠道成员。

2.垂直渠道系统

垂直渠道系统是指由制造商、批发商和零售商纵向整合构成的统一的联合体。在垂直渠道系统中，每个成员把自己视为渠道系统中的一份子，关注整个系统的成功。垂直渠道系统主要有以下 3 种形式。

(1)公司式垂直渠道系统

公司式垂直渠道系统，也称产权式垂直渠道系统，是由一家企业拥有和管理若干生产工厂、批发机构和零售机构，控制渠道的若干层次，甚至整个渠道，综合经营生产、批发和零售业务。公司式垂直渠道系统又分为两类：一类是由大工业公司拥有和管理的，采取工商一体化经营方式；另一类是由大型零售公司拥有和管理的，采取商工一体化经营方式。

(2)管理式垂直渠道系统

管理式垂直渠道系统是指通过渠道中某个有实力的成员来协调产品的整个流通过程的渠道系统。在此系统中，有一个规模大、实力强的牵头企业作为系统核心，设计渠道策略、规划与发展方向，各个渠道成员围绕着这个核心从事各种各样的分销活动，自然地构成一个相对紧密、团结互助的渠道系统。

(3)契约式垂直渠道系统

契约式垂直渠道系统又称合同式垂直渠道系统，是指不同层次的、独立的制造商和中间商之间通过合同来确定各自的分销权利与义务，形成一个独立的联合渠道系统，如批发商组织的自愿连锁店、零售商合作社、特许专卖机构等。它与公司式垂直渠道系统的最大区别是渠道成员之间不形成产权关系，与管理式垂直渠道系统的最大区别是用合同来规范各渠道成员之间的行为，而不是用权力和实力。有人称为"增值伙伴关系"。契约式垂直型分销渠道有以下 3 种形式。

第一，批发商倡办的自愿连锁组织。批发商组织独立的零售商成立自愿连锁组织，帮助他们和大型连锁组织抗衡。批发商制订一个方案，根据这一方案，使独立零售商的销售活动标准化，并获得采购经济的好处。

第二，零售商合作组织。零售商可以带头组织一个新的企业实体来开展批发业务和可能的生产活动。成员通过零售商合作组织集中采购，联合进行广告宣传,利润按成员的购买量进行分配。非成员零售商也可以通过合作组织采购,但是不能分享利润。

第三,特约代营组织。在生产分配的过程中,一个特约代营的渠道成员可能连接几个环节。特约代营是近年来发展最快和最令人感兴趣的零售形式。尽管其基本思想没有更改,但是有些特约代营的形式却是崭新的。其方式可分为三种:第一种是制造商倡办的零售特约代营系统。第二种是制造商倡办的批发特约代营系统。第三种是服务公司倡办的零售特约代营系统,由一个服务公司组织整个系统,以便将其服务有效地提供给消费者。这种形式多数出现在出租汽车行业、快餐服务行业和旅馆行业。

（3）水平渠道系统

水平渠道系统是指由两家或两家以上的企业相互联合在一起,共同开发新的营销机会的分销渠道系统,企业发挥各自优势,实现渠道系统有效、快速运行,它实际是一种横向联合经营。这些企业或因资金、生产技术、营销资源不足,无力单独开发市场机会;或因惧怕独自承担风险;或因与其他企业联合可实现最佳协同效益,因而组成共生联合的渠道系统。这种联合可以是短期的,也可以组成一家新公司,使之长期化。

（4）复合渠道系统

复合渠道系统又称多渠道系统,是指企业同时利用多种类型的渠道销售其产品的系统,即多种流通模式并存,既有直营也有间接分销。企业采用复合渠道系统的主要原因有:一是随着消费者细分程度的提高以及零售业态的丰富,单一的流通模式不足以覆盖所有的或大部分的消费群以及零售卖场、网点;二是厂家在分销渠道变革的过程中,原有的渠道体系和新导入的渠道体系同时存在;三是市场研究结果表明,高端消费者通过多渠道购物的趋势十分明显,对采用复合渠道的企业具有较高的满意度和忠诚度;四是网络营销等新兴渠道的快速发展,使企业采用复合渠道成为可能。

三、分销渠道的类型

(一)直接渠道和间接渠道

按照商品在交易过程中有无中间商介入,可将分销渠道分为直接渠道和间接渠道。

1. 直接渠道

直接渠道是指制造商不通过中间商环节,采用产销一体的经营方式,直接将产品销售给消费者。直接渠道是工业品分销的主要类型,大约80%的生产资料是直接销售的,消费品中也有部分采用直接分销类型。

直接渠道有利于产、需双方沟通信息,制造商更好地满足目标顾客的需要的同时掌握和控制市场需求与发展状况,获得对分销渠道的控制权;由于去掉了商品流转的中间环节,可以降低商品在流通过程中的损耗,有时也能加快商品的流转;采用直接渠道分销,也有利于制造商开展销售活动,直接促进销售。但是,采用直接渠道会使制造商花费更多的人力、财力和物力,从而使费用增加,特别是市场相对分散时,情况更是如此。

2. 间接渠道

间接渠道是指生产企业通过中间商环节把产品传送到消费者手中。间接分销渠道是消费品分销的主要类型,大约有95%的消费品通过间接渠道销售,因为消费者的购买大多属于分散、零星、小批量的购买,而中间商具有集中、平衡和扩散的功能,当中间商介入后,可以减少交易次数和简化分销渠道;可以减少生产企业的资金占用,缓解生产者人力、财力、物力等力量的不足,加快资金周转;中间商具有丰富的营销知识和经验,与顾客有着广泛而密切的联系,最了解顾客需求状况,因此,通过中间商更有利于促进销售,增强企业的销售能力。

当然,如果中间商介入过多,会减缓商品流通速度,也可能形成"需求滞后差",延缓商品上市时间;并且,每经过一道中间商,就要分割一部分利润,从而会抬高商品价格,加重消费者的负担,导致抵触情绪,从而降低竞争优势;间接渠道也不便于与消费者直接沟通信息,导致企业信息不灵,生产经营迷失方向。

(二)长渠道和短渠道

分销渠道可以按经过的流通环节的多少来划分。不计位于渠道起点的制造商和位于渠道终点的消费者,产品每经过一个直接或间接转移商品所有权的营销机构,就称为一个流通环节。在商品分销过程中,经过的环节越多,渠道越长;反之,渠道越短。通常将有两个或两个以上流通环节的分销渠道称为长渠道。按渠道长度不同,可以将消费品分销渠道划分为 4 种类型。

1. 零级渠道

零级渠道也称直接渠道,指制造商把商品直接销售给最终消费者或用户,是直接式的渠道模式,也是最简单和最短的分销渠道。

2. 一级渠道

一级渠道是指制造商和消费者间,只有一个流通环节,这在消费品市场中是零售商,在工业品市场中通常是代理商或经纪人。在消费品市场,许多生产耐用品和选购品的企业都采用这种模式。

3. 二级渠道

二级渠道是指制造商和消费者之间有两个流通环节,这在消费品市场中是批发商和零售商,在工业品市场中则可能是代理商和批发商。

4. 三级渠道

三级渠道包含三个中间商组织。在大批发商和零售商之间,还有一个二级批发商,该批发商从大批发商处进货,再卖给无法从大批发商处进货的零售商。

可见,直接渠道最短,三级渠道最长,更高层次的分销渠道比较少见。一般认为,典型的分销渠道类型是:生产者—批发商—零售商—消费者(M—W—R—C)。

长渠道可以减少生产企业的资金占用、交易成本和其他营销费用;有助于生产企业开拓市场,从而扩大商品销售量。例如,企业在开发某一区域市场时,把产品销售给一个一级批发商,然后一级批发商再把产品分销给 10 个二级批发商,每一个二级批发商把产品再分销给 50 个零售商,很快企业就能够把产品摆上成百上千个零售商的柜台,这样企业的分销能力就会变得很强。

同时,我们也应该注意到,销售网络越长,企业对销售网络的控制能力就越差,企业可以控制一级批发商,但是很难控制一级批发商下面的二级批发商和零售商。如果企业无法控制二级批发商和零售商,就会给企业造成许许多多的问题,例如,降价倾销、窜货等。而且长渠道会减慢商品流通速度,从而延缓商品上市时间。由于各个不同环节的中间商都要分割利润,进而会抬高商品售价,很显然,短渠道比较适合于在小区域市场范围销售产品或服务;长渠道比较适合于在较大区域市场范围和更多的细分市场销售产品或服务。

一般来说,保鲜要求高的产品需要较短的渠道;单价低、标准化的日用品需要长渠道。从市场状况来看,顾客数量少,而且在地理上比较集中时,宜用短渠道;反之,宜用长渠道。如果企业的规模较大,拥有一定的推销能力,则可以使用较短的渠道;反之,如果企业的规模较小,就有必要使用较多的中间商,则渠道就会较长。此外,企业渠道层数的多寡还取决于企业的经营意图、业务人员的素质、国家政策法规的限制等因素。

(三)宽渠道和窄渠道

分销渠道的宽度,是指渠道的每个层次中使用的同种类型中间商数目的多少。如果某种商品(如毛巾、牙刷等日用小商品)的制造商通过许多批发商和零售商将其商品推销到广大地区,那么这种分销渠道就较宽;相反的,如果某种产品(工业设备)的制造商,只通过几个专业批发商推销其商品,那么这种分销渠道就较窄或很窄。分销渠道的宽度结构大致有以下 3 种类型。

1.高宽度分销渠道

即制造商通过尽可能多的批发商、零售商经销其产品所形成的渠道。高宽度分销渠道通常能扩大市场覆盖面,或使某产品快速进入新市场,使众多消费者和用户能随时随地买到这些产品。消费品中的便利品(如方便食品、饮料、牙膏、牙刷)和工业品中的作业品(如办公品),通常使用高宽度分销渠道。

2.中宽度分销渠道

即制造商按一定条件选择若干同类中间商经销其产品所形成的渠道。中宽度分销渠道通常由实力较强的中间商组成,能较好地维护品牌信誉,建立稳定的市场和竞争优势。中宽度分销渠道,多为消费品中的选购品和特殊品、工业品中的零配件等的生产厂商采用。

3.独家分销渠道

即制造商在某一地区市场仅选择一家批发商或零售商经销其产品所形成的渠道。独家分销渠道是窄渠道,独家代理(或经销)有利于控制市场,强化产品形象,增强厂商和中间商的合作及简化管理程序。独家分销渠道多由其产品和市场具有特异性(如专门技术、品牌优势、专业用户等)的制造商采用。

渠道越宽,越方便消费者购买,从而扩大商品的销售量,同时通过促进中间商的竞争而提高销售效率,其缺点是不利于密切厂商之间的关系,并且生产企业几乎要承担全部推广费用。渠道越窄,越有助于密切厂商之间的关系,有助于生产企业控制分销渠道,但由于市场营销面较小,可能影响商品销售量。

(四)按分销渠道系统的管理模式划分

分销渠道不是一成不变的,新的批发零售方式、新的渠道系统总会出现,渠道的管理模式也会相应地随之变化。

1.垂直型分销渠道

垂直型分销渠道的出现是对传统分销渠道的挑战。传统分销渠道是由独立的制造商、批发商和零售商组成的比较分散的网络。每个渠道成员都是一个独立的经济实体,它们为追求自己的利润最大化而自行其是,不惜减少整个渠道的利润,没有一个渠道成员有能力控制其他成员。与之相反,垂直型分销渠道由制造商、批发商、零售商联合成一个统一体,其中的一个渠道成员拥有其他成员的所有权,或实行特许经营,或有足够的实力使其他成员愿意与之合作。

垂直型分销渠道是实行专业化管理和集中控制的网络,事先规定要实现的经济效益和最大的市场影响力。垂直型分销渠道通过控制渠道行为,消除各渠道成员为追求各自利益而造成的冲突。各渠道成员通过规模经济、合作和减少重复服务获得效益。垂直型分销渠道又分为3种类型:公司式、管理式和契约式。

2. 水平型分销渠道

水平型分销渠道是由两个或两个以上的公司联合开发的营销机会,这些公司缺乏资本、技能、生产或营销资源来独自进行商业冒险,或发现与其他公司联合开发可以产生巨大的协同作用。各成员间通过暂时或者长期的合作,可以通过共享各自的资金、生产能力和市场资源实现原先单一公司无法实现的超常业绩,例如,许多储蓄银行都会把办公地点或自动柜员机设置在超级市场附近,以便以较低的成本迅速接近目标市场,而超级市场则可以因为在店内提供银行服务而获得更多客户的青睐。

3. 多渠道型分销渠道

在过去,大多数公司只通过一条渠道进入一个市场,今天,随着细分市场和潜在渠道的增加,越来越多的公司采用多渠道市场营销。多渠道型分销渠道是指一家公司利用两个或两个以上的渠道到达一个或几个细分市场。

通过增加渠道,公司获得了三个好处:市场覆盖率提高,渠道成本降低,更好地满足了顾客的需要。为了进入原有渠道不能进入的市场,公司往往增加新的渠道,或降低销售成本,或更好地满足顾客的需求。

从新渠道中获得利润,并不是没有代价的,新的渠道也会产生冲突和控制问题,当两个以上的渠道,每同一细分市场服务时,渠道冲突就产生了;而如果新渠道独立性较强、合作困难时,就会出现控制问题。但无论如何,渠道联合正在使企业从分散无序的游击战走向集约规模的阵地战。

第二节　分销渠道的设计与管理

一、分销渠道的设计

分销渠道设计是企业对关系其长期生存和发展的分销模式、基本目标及管理原则所作的规划、选择与决策。分销渠道对企业至关重要,企业为了开拓市场,实现营销目标,必须在了解营销环境的前提下,结合自身的实际确定渠道结构,选择和决定具体的渠道策略。企业进行渠道设计需要两个前提:一是要有清晰的产品或服务概念;二是产品或服务必须有明确的目标市场。如果企业的产品或服务对目标市场没有真正价值,最终用户并不认为其产品或服务具有合理的价格、较高的质量或其他更好的特征;如果企业的目标市场十分模糊,分销渠道设计得再好也挽救不了失败。因此,分销渠道的设计不是简单的决策,而是一个系统的、科学的战略规划和战术设计。

(一)分销渠道设计的原则

分销渠道管理人员在设计具体的分销渠道模式时,无论出于何种考虑,从何处着手,一般都要遵循以下原则。

1.畅通高效原则这是渠道选择的首要原则

任何正确的渠道决策都应符合物畅其流、经济高效的要求。商品的流通时间、流通速度、流通费用是衡量分销效率的重要标志。

畅通的分销渠道应以消费者需求为导向,将产品尽快、尽好、尽早地通过最短的路线,以尽可能优惠的价格送达消费者方便购买的地点。畅通高效的分销渠道模式,不仅要让消费者在适当的地点、时间以合理的价格买到满意的商品,而且应努力提高企业的分销效率,争取降低分销费用,以尽可能低的分销成本,获得最大的经济效益,赢得竞争的时间和价格优势。

2.覆盖适度原则

企业在选择分销渠道模式时,仅仅考虑加快速度、降低费用是不够的,还应考虑及时、准确地送达的商品能不能销售出去,是否有较高的市场占有率足以覆盖目标市场。因此,不能一味强调降低分销成本,这样可能会导致销售量下降、市场覆盖率不足。成本的降低应是规模效应和速度效应的结果。在分销渠道模式的选择中,也应避免扩张过度、分布范围过宽过广,以免造成沟通和服务的困难,导致无法控制和管理目标市场。

3.稳定可控原则

企业的分销渠道模式一经确定,便需花费相当大的人力、物力、财力去建立和巩固,整个过程往往是复杂而缓慢的。所以,企业一般不会轻易更换渠道成员,更不会随意转换渠道模式。只有保持渠道的相对稳定,才能进一步提高渠道的效益。畅通高效、覆盖适度是分销渠道稳固的基础。

由于影响分销渠道的各个因素总是在不断变化,一些原来固有的分销渠道难免会出现某些不合理的问题,这时就需要分销渠道具有一定的调整功能,以适应市场的新情况、新变化,保持渠道的适应力和生命力。调整时应综合考虑各个因素的协调,使渠道始终都在可控制的范围内保持基本的稳定。

4. 协调平衡原则

企业在选择、管理分销渠道时,不能只追求自身效益的最大化而忽略其他渠道成员的局部利益,应合理分配各个成员间的利益。

渠道成员之间的合作、冲突、竞争的关系,要求渠道的领导者对此有一定的控制能力,统一、协调、有效地引导渠道成员充分合作,鼓励渠道成员之间有益的竞争,减少冲突发生的可能性,解决矛盾,确保总体目标的实现。

5. 发挥优势原则

企业在选择分销渠道模式时,为了争取在竞争中处于优势地位,要注意发挥自己各个方面的优势,将分销渠道模式的设计与企业的产品策略、定价策略、促销策略结合起来,增强营销组合的整体优势。

(二)影响分销渠道设计的因素

1. 产品因素

(1)产品的单位价格

一般来讲,产品的单价越低,销售渠道越长;反之,产品单价越高,考虑其经济性和安全性等因素,销售渠道则应越短。例如,普通的日用消费品和工业用品当中的标准配件的销售,一般是经过一个或者一个以上的中间商,比如转到批发商,再经由零售商,最后转至消费者手中。一些价格较高的耐用消费品和工业品中的专业设备则不宜经过较多的中间转卖,那样会造成流通费用的增加,产品价格上升,影响市场销售。

（2）产品的自然属性

一般来讲，凡是自然属性比较稳定的产品可以考虑使用中间商或相对较长的渠道。相反，则应尽可能采用直接渠道或相对较短的渠道，如办公用品这类产品可以采用较长渠道供给用户；时尚产品应尽可能缩短销售渠道，减少环节，以免产品过时而积压；而牛奶、蔬菜等不宜长时间保存的新鲜食品应采取较短的销售渠道，以求尽快地把产品送到消费者手中；各种玻璃制品、陶瓷器物等易毁坏产品也应尽可能采用短渠道。

（3）产品的体积与重量

体积过大或过重的产品，搬运会直接影响运输和存储等销售费用，应选择短渠道，如重型机械设备、建筑材料等；相反，体积小或轻的产品，一般数量较多，可以根据需要采取长渠道。

（4）产品的技术性质

出售技术性较强的耐用消费品，一般不可能直接卖给消费者。往往需要通过中间商出售，为了加强维修服务工作，企业应对中间商进行培训和指导。对于技术性很强的工业品，制造商宜采取直接渠道销售，以加强销售服务工作，不宜经过中间商。

（5）产品生命周期

第一，产品导入期，企业为了尽快打开新产品销路，取得市场占有率，往往不惜花费大量资金，组成推销队伍直接向消费者出售产品。在情况许可时，也应考虑利用原有的销售渠道。第二，产品成长期和成熟期，产品在市场已经形成高知名度和美誉度时，在开拓市场的基础上，可以逐步考虑扩展渠道分销产品。第三，在产品的衰退期，通常采用缩减分销渠道的策略以减少损失。

2. 市场因素

（1）市场规模

一般来说，现实用户和潜在用户的数量的多少，决定市场的规模。市场规模大，则销售渠道越长、越宽；反之，市场规模小，则可由厂家直接销售。市场容量的大小也能够体现一个市场的规模，对于市场容量大、购买量小、购买频率高的产品,制造商一般考虑较宽、较长的渠道,以扩大销售面,不仅保持原有市场,而且能够刺激潜在消费者;而对于市场容量大、单次购买量大、购买频率低的产品,则可以采取窄、短甚至是直接渠道,以减少流通环节和流通费用,加快资金周转速度。如生产专用锅炉及其配套品的企业,买方对象比较集中。一般应由人员直接向用户推销;化妆品的制造商,因其买方分布广泛,一般需经过一些中间商。

(2)市场分布状况

销售市场比较集中,可以考虑采用短、窄的渠道。产品市场分散,可采用传统的销售渠道,即经批发商卖给零售商再转卖给消费者。

(3)市场竞争情况

市场竞争会影响渠道选择。企业应选择与竞争对手不同的渠道,即使相同也要有特色。

(4)消费者的购买习惯

企业应考虑和尊重消费者的购买数量、购买频率、购买习惯等因素,使消费者能自由方便地选购他们认为最适合的商品。

3.企业自身因素

(1)企业的规模和实力

企业实力包含的内容很多,如商誉、资金、销售能力、储存能力、服务能力等。如果企业规模大、财力资源雄厚,并且有较好的信誉,则可较自由地选择分销渠道,可以自己组织推销队伍进行销售,也可采取间接式销售;如企业资金缺乏,产品的声誉尚未树立,则只能依赖中间商提供服务。

(2)企业的经营管理能力

管理能力强的企业,可以考虑采用短、宽渠道来加强商品的销售。有的企业虽然在生产方面表现出较强的能力,但缺乏市场营销的经验和技巧,销售管理、储存安排、零售运作等方面缺乏经验,人员素质不适合自己从事广告、推销、运输和储存等方面工作,最好选择较长渠道与窄渠道。

(3)对渠道的控制程度

如果企业有较强的销售能力,能与中间商进行良好的合作,或对中间商能进行有效的控制,可选择长、宽渠道;反之,宜用短而窄的渠道,例如直销。

(4)企业可提供的条件

中间商一般都希望生产企业能为产品销售创造条件,诸如承担更多的广告、展览、培训维修养护等。如果企业能提供这些服务,则能增加中间商参与的兴趣;反之,企业只好自行进行销售。

4.环境因素

(1)经济环境

社会经济形势好,市场需求激增,分销渠道模式的选择余地就大;反之,市场需求下降,制造商应尽量减少不必要的流通环节,利用较短的渠道。例如,席卷全球的金融危机,市场需求剧减,迫使制造商缩减分销渠道。

(2)国家的政策法律

这主要是指政府的政策、法令和法律因素对渠道的影响。我国的《反不正当竞争法》《反垄断法》《税法》等限制企业进行多层传销的规定、进出口的有关规定等,都会影响到渠道策略。我国对烟酒、鞭炮、汽油、食盐等产品的销售有专门的法规,这些产品的分销渠道策略,就要依法设计。

(三)分销渠道设计

分销渠道设计的本质是寻求一种适合环境变化、节约交易成本的制度安排,通过获取合作伙伴的互补性资源,聚合彼此在不同价值链环节中的核心能力,创造更大的顾客价值。分销渠道的复杂性和渠道战略的长期性决定了分销渠道设计的难度。设计一个渠道系统要求分析消费者的需要、建立渠道目标及限制因素,确定主要的渠道替代方案和评价方法。

1.分析消费者需要

同大多数的营销决策一样,分销渠道的设计也要始于顾客。掌握目标市场上消费者的购买时间、空间便利条件等,是设计市场分销渠道的第一步。市场营销者必须弄清目标消费者需要的服务产出水平,做到心中有数。在了解以上信息的同时,制造商应当意识到虽然消费者可能喜欢企业能提供最快的送货服务、最多的商品种类,但这可能是企业难以做到的或根本就不切合实际的。此外,企业还必须在顾客的服务需求与满足这些需求的可行性和成本费用之间进行平衡,以及顾客能否接受由于增加服务所提高的价格等。比如,现实中的折扣商店中,许多消费者更愿意接受服务品类单一和服务水平偏低带来的价格实惠。

2. 厘定渠道目标和限制条件

渠道目标指企业预期达到的顾客服务水平以及中间商应执行的职能等。渠道目标的总体要求是使渠道系统能以最低成本有效地传递目标市场要求的服务产出,形成较强的竞争力。目标设计的关键是确定渠道系统合理的服务产出水平。为此,设计人员要研究预测目标市场消费者对渠道服务产出的需求水平,然后根据客观条件测算渠道系统可能达到的服务产出供给水平,并依据对渠道竞争力的预期在两者之间进行平衡,设定服务产出水平。在设计中,要防止渠道的服务产出供给不足或过剩两种偏差。前者指渠道提供的服务低于目标消费者要求,这会导致顾客不满,降低渠道竞争力;后者指渠道提供的服务高于目标市场要求,这会导致渠道成本的浪费。因此,合理的服务产出水平,应当设定在恰好能满足消费者需求的基准线上或附近。

3. 进行渠道规划

进行渠道规划即从战略高度规划渠道蓝图,确定渠道成员之间的基本关系,根据外部条件、企业战略目标及拥有资源,综合分析选择渠道的战略模式和基本策略。制造商在设计分销渠道时,首先要解决的问题,就是应该采用什么类型的分销渠道,是采取直接销售,实行产销一体化,还是通过中间商分销;是采用单层的短渠道,还是多层的长渠道;是利用经销商推销,还是委托代理商销售。制造商应根据自身实际、产品情况、市场条件等制约因素,全面权衡利弊,加以选择。确定渠道模式时,制造商可以沿用本行业其他企业采用的分销渠道,也可以探求更多创新的分销渠道。

4. 确定中间商的数目

中间商的数目决定渠道宽度。企业在确定每一层次所用中间商数目时，有 3 种策略可供选择。

(1)密集性分销

指制造商对经销商不加任何选择，尽可能通过更多的中间商推销其产品，经销网点越多越好，力求使商品能广泛地和消费者接触，在方便消费者购买的同时，有利于扩大市场的覆盖面，提高产品的销售量和市场占有率。这种策略适用于日用消费品，或生产资料中普遍使用的标准件、小工具等的销售。但是，在某一市场区域内，密集分销容易导致经销商之间为争夺市场机会而进行竞争，造成销售资源的浪费。竞争的结果常常会损害企业的利益，例如，经销商之间为了争夺销售机会而压价倾销，到处窜货，扰乱企业的市场秩序。竞争的加剧也会导致经销商对制造商忠诚度的降低，价格竞争的激烈又致使经销商对消费者服务水平的下降。同时，制造商所能提供服务的经销商数目总是有限的，制造商不得不花费大量的精力对经销商进行培训、对分销支持系统等进行评价，以便及时发现其中的不足。

(2)独家分销

指制造商在某一地区仅选择一家中间商推销其产品，通常双方协商签订独家经销合同，规定经销商不得经营竞争者的产品，以便企业能控制经销商的业务，调动其经营的积极性。通常适用于高档服装、电器、电梯、高档音响、汽车以及一些名牌商品的销售，或适用于使用方法复杂、需要较多销售服务的商品。这种策略有利于制造商控制中间商的业务经营，在广告与其他促销活动方面，容易与中间商取得合作，降低成本，节约费用，调动其经营积极性，占领市场。但是，独家分销使得销售渠道过于狭小，在抓住一部分消费者的同时，也往往使企业失去更多的市场，而且采用这种策略风险较大，由于产销双方依赖性太强，一旦中间商经营失误，往往使制造商蒙受巨大损失。对于距离较远的消费者购买不方便，广告宣传就会造成浪费。制造商的市场适应性弱，销量难以扩大。

（3）选择性分销

指制造商在某一地区仅仅通过少数几个精心挑选的、最合适的中间商推销其产品。这种中间商数目类型在取得足够的市场覆盖面的同时，又能使企业有效降低成本、控制中间商。企业在采用这种策略时，要选择淘汰掉一些没有效率、不得力的中间商，被选中的中间商与制造商之间的关系较为密切、配合协调。选择性分销适用于消费品中的选购品、工业生产用的零配件销售。一方面，它比独家分销面广，利于企业扩大市场，展开竞争；另一方面，它又比密集性分销节省费用，对分销渠道的控制也比较容易。有不少企业开始先采用密集性分销，以后再根据需要淘汰一些不理想的中间商，实行选择性分销，以提高效率、降低费用，为企业赢得更多的利润。

（4）复式分销渠道

生产者将同一种产品既卖给消费者用于生活消费，同时又将它出售给工业用户用于生产消费，即通过两个或两个以上不同的渠道将同一产品送到不同的市场（消费品市场和工业品市场）；有些生产者还将同一产品通过不同的渠道送到同一消费者手中，这种多渠道销售即是复式销售渠道。

复式渠道是一种创造性的复杂渠道系统。通过复式渠道推销某种产品，比通过单一渠道推销更能实现市场渗透。但由于复式渠道构成复杂，需要有高效率的协调管理，所以，一个企业在准备创造性地运用某种复式渠道时，一定要考虑产品的特性、顾客的偏好和购物心理，以及本企业的管理水平。一般而言，规模大、实力强、管理水平高的企业，特别是在市场商品供过于求以及竞争较为激烈时，采用复式渠道策略效果会更好。而规模小、实力弱的小企业则不应过多地运用复式销售渠道策略。

5. 明晰渠道成员彼此的权利和义务

为了确保分销渠道的畅通，制造商必须就价格政策、销售条件、市场区域划分、各方执行的服务项目等方面与渠道的每个成员达到协议，明确各渠道成员的权利和义务。制造商应当为中间商制定价格目录和折扣明细表,提供供货保证、质量保证、退换货保证,明确应执行的特定服务。中间商应向制造商提供市场信息和各种业务资料,保证实行价格策略,达到服务标准等。尤其是对那些采取特许经营和独家分销渠道的情况更应该明确权利义务问题。双方权利义务的划分,通常以合同的形式来约定。

（1）价格政策

为鼓励中间商进货,企业制定一张价目表,对产品的具体价格、折扣条件等一一明示,如数量折扣、促销折扣、季节折扣等。

（2）销售条件

这是指付款条件和制造商产品质量的保证。例如,对提前付款的经销商给予现金折扣,对产品质量保证的承诺等。

（3）市场区域划分

区域销售权利是中间商比较关心的一个问题,尤其是独家分销的中间商。制造商清楚划分中间商的区域销售权利,不仅有利于中间商拓展自己的业务,也有利于企业对中间商的业绩进行考核。

（4）各方面应执行的服务项目

这是指双方制定相互服务与责任的条款。一般情况下,相互的职责和服务内容包括供货方式、促销的相互配合、产品的运输和储存、信息的相互沟通等。

6.评估选择分销方案

分销渠道方案确定后,生产厂家就要根据各种备选方案,进行评估,找出最优的渠道路线。渠道评估通常的标准有三个:经济性、可控性和适应性,其中最重要的是经济标准。

（1）经济性标准评估

每个可以选择的方案可能达到的销售额及成本费用都有所不同。这就要求我们要从销售额和成本费用两方面的标准来评价。第一步是计算出利用公司销售力量可能产生的销售额,并将这个结果与销售代理商产生的销售额进行比较。关于销售额多少的问题通常有以下两种观点。一种是大多数营销管理人员认为由本企业推销人员直接推销将获得更多的销售额。因为本公司销售人员只销售本公司的产品,更了解产品的使用特点,同时他们的未来取决于公司的前途,这样他们会更积极地推销,并且顾客往往也喜欢直接与生产企业打交道。另一种观点认为使用销售代理商方式销售额水平更高,因为销售代理商销售人员较多,人数上的差异就很有可能使代理商取得较高的销售水平;多年建立起来的广泛的交际关系,是代理商的一项重要资本,也是优于企业推销员的地方;此外,代理人员在本公司比其他公司得到更高的佣金时也会像自己公司的销售人员一样努力。因此,要正确估计企业推销力量与代理商二者的销售数量,必须具体情况具体分析,并注意征求该行业中经验丰富的管理人员与专家的意见。

第二步是比较不同销售渠道实现某一销售额所需花费成本的大小。一般来说,使用销售代理商所支付的固定成本,要比由本企业设立销售网点直接销售所支付的固定成本低;但是,销售代理商所获得的佣金费用要比公司销售人员高,所以使用销售代理商的成本会随着销量的增大而急剧上升。因此,较小的企业通常喜欢使用销售代理商方式,或者说在较小的销售区域里的较大公司也喜欢用销售代理商方式。

(2)可控性标准评估

一般来说,采用中间商可控性小些,企业直接销售可控性大。分销渠道长,可控性难度大;渠道短,可控性较容易些。企业必须进行全面比较、权衡,选择最优方案。

(3)适应性标准评估

如果生产企业同所选择的中间商的合约时间长,在合约期间,其他销售方法如果更有效,生产企业却不能随意解除合同,这样选择分销渠道便缺乏灵活性。因此,生产企业必须考虑选择策略的灵活性,不签订时间过长的合约,除非在经济或控制方面具有十分优越的条件。

二、分销渠道的管理

自 20 世纪 90 年代以来,企业界认识到,通过内外资源的垂直整合,建立富有创意、高绩效的分销渠道,是提升企业竞争力的有效手段。各国企业纷纷加强分销渠道管理,运用价值链理论、交易成本理论、组织行为理论等,对分销系统做了全面的战略设计与调整,使传统的分销渠道管理进一步适合现代营销的需要。所谓分销渠道的管理,是指制造商对其分销渠道进行组织、激励、评估和调整方面的工作。具体包括:选择渠道成员、激励渠道成员、评价渠道成员、调整渠道结构、渠道的合作、冲突与竞争。

(一)选择渠道成员

根据渠道设计方案要求,招募合适的中间商是渠道管理的重要环节。通常,企业需要具体一定可供选择的中间商的类型和范围,综合考察、比较其开业年限、经营商品的特征、盈利、发展状况、财务、信誉、协作愿望与能力等。对代理商,还要进一步考核其经营产品的数量与特征,销售人员的规模、素质和业务水平。对零售商则要重点评估其店址位置、布局、经营商品结构、顾客类型和发展潜力。

渠道成员的选择是双向互动行为,不同企业对中间商的吸引力有很大差异,在不同区域,市场的选择难度也不尽相同。渠道管理者应当根据本企业及当地市场的具体情况,把握和考核选择伙伴的标准,做出最合理的选择。当企业同意以渠道关系来共同经营时,他们之间就形成了渠道伙伴并承担长期责任。对于制造商和中间商来说,精心挑选渠道成员也是很重要的。在评价中间商方面,制造商会考虑以下几个问题:渠道成员能带来实质性的利润率吗? 渠道成员有能力为顾客提供所需服务吗? 潜在中间商对渠道控制有什么影响吗?

制造商对中间商的吸引力,取决于制造商自身的声誉好坏和产品销路的大小。有些企业可以轻松地与所选定的中间商签约;而有一些企业则要通过努力才能找到足够符合要求的中间商。但不管招募中间商难易与否,企业都应明确较理想的中间商应具备的条件。

1. 中间商的经营资格

必须对中间商的各种合法证件认真审核,检查其是否具有国家(或该地区)准许的经营范围和项目,特别是对食品、药品、烟酒等限制条件较多的中间商,则更要谨慎,将中间商持有的经销登记等证件复印以备案。

2.中间商的市场范围

市场范围是选择中间商关键的因素,选择中间商首先要考虑预定的中间商的经营范围与产品预定的目标市场是否一致,这是最根本的条件。

3.中间商的产品组合

中间商承销的产品种类及其组合情况是中间商产品政策的具体体现。选择时,一要看中间商的产品线,在交付中间商的产品是否与该商业企业现有产品线相匹配,产品的质量、规格、型号是否相近;二要看各种经销产品的组合关系,是竞争产品还是促销产品,如果要将其产品交与经营竞争品的中间商销售,则应考虑与竞争品的品质、价格不要过于悬殊。

4.中间商的地理区位优势

区位优势即位置优势。选择零售商最理想的区位应该是顾客流量较大的地点,批发商的选择则要考虑其所处位置是否有利于产品的储存与运输。

5.中间商的产品知识

许多中间商被具有名牌产品的企业选中,往往是因为他们对销售某种产品有专门的经验和知识。选择对产品销售有专门经验的中间商就能很快地打开销路。

6.中间商的财务状况及管理水平

中间商能否按时结算,这对生产企业业务正常有序运作极为重要,而这一点取决于中间商的财务状况及企业管理的规范、高效。

7.中间商的促销政策和技术

采用何种方式推销商品及运用什么样的促销技术,这将直接影响到中间商的销售规模和销售速度。在促销方面,有些产品广告促销较合适,有些产品则适合人员销售,有些产品需要有一定的储存,有些则应快速运输。选择中间商时应该考虑中间商是否愿意承担一定的促销费用以及有没有必要的物质、技术基础和相应人才。

8.运输与储存能力

储运能力的大小,直接关系到中间商的业务量大小,并关系到能否对生产商的产品起到稳定、发展和延伸的作用,并调节产品生产销售的淡旺季。生产商要求中间商具有能更多地担负产品实体的储藏、运输任务的能力,这也是选择中间商的重要条件。

9.中间商的综合服务能力

现代商业经营服务项目甚多,选择中间商要看其综合服务能力如何,如售后服务、技术指导、财务援助等。合适的中间商所提供的服务项目和服务能力应与企业产品销售要求一致。

除以上九个方面外,还应考虑中间商的经营素质、声望和信誉、经营历史及经销绩效、与生产商的合作态度及其经营的积极性、未来发展状况估计等。

(二)激励渠道成员

中间商是一个独立的经营者,而不是制造商雇佣在其营销链条上的一环,它有自己的经营目标、利益和策略。在确定渠道成员后,制造商还要不断激励中间商,推动其尽力做好销售工作。一般来说,独立的中间商首先会从自身利益出发,视自己为顾客的采购代理人,向供应商讨价还价,其次才是制造商的销售代表,会考虑供应商的期望。在很多情况下,中间商往往偏向顾客一边,只有顾客愿意购买的商品,中间商才有兴趣经营。生产商在选择确定了中间商之后,为了更好地实现企业的营销目标,促使中间商与自己合作,还必须采取各种措施不断对中间商给予激励,以此来调动中间商经销企业产品的积极性,并通过这种方式与中间商建立一种良好关系。渠道管理者必须以对待其最终使用者的方式看待中间商,加强沟通,提供支持,激励各成员达到最佳绩效。激励中间商的基本要求是,站在对方的立场上了解现状,设身处地为对方着想,了解对方的需要,并据此采取下述适当的激励措施或手段,防止激励过度与激励不足的情况发生。

1.开展促销活动

主要包括广告宣传、商品陈列、产品展览和操作表演、新产品信息发布会等。

2.资金支持

给中间商在付款方式上的优惠措施,以弥补中间商资金的不足,如分期付款、延期付款等。

3.管理支持

协助中间商进行经营管理,培训营销人员,提高营销效果。

4.提供情报

生产商将市场情报及时传递给中间商,将生产与营销的规划向中间商通报,为中间商合理安排销售计划提供依据。

5.与中间商结成长期的伙伴关系

分销商的动力来源于获利,其所做出的每一项承诺都在于生产商为他做了多少。经验丰富的公司都设法与分销商建立长期的合伙关系。

(三)评价渠道成员

要实现有效的渠道管理,除了选择和激励渠道成员外,制造商还必须按照一定的标准,定期对渠道成员的绩效进行评估。对表现出色的中间商给予表扬和奖励;对表现差的中间商给予帮助,如予以建议、重新培训或重新激励,甚至使用最后的手段,考虑与其终止合作关系,寻找其他的中间商来替代它们。这些标准包括销售指标完成情况、平均库存水平、向顾客交货快慢程度、对损坏和损失商品的处理、宣传培训计划的合作情况以及对顾客的服务表现等。在这些指标中,比较重要的是销售指标完成情况。

科学评价中间商的销售业绩的方法有以下 2 种。

1.纵向比较法

将每一中间商的销售额与上期的绩效进行比较,并以整个中间商群体在某一地区市场的升降百分比作为评价标准。对于低于该群体的平均水平的中间商,找出其主要原因,帮助整改。

2.横向比较法

将各个中间商的实际销售额与其潜在销售额的比率进行对比分析,并把他们按先后名次进行排列,对于那些比率极低的中间商,分析其绩效不佳的原因,必要时要终止合作。

(四)调整渠道结构

在渠道管理过程中,为了适应市场的变化,如消费者购买方式发生改变、市场扩大、产品进入不同生命周期阶段、新的竞争者兴起以及新的分销渠道的出现等,整个分销渠道系统或者部分渠道系统必须随时加以修改。调整分销渠道结构,主要有 3 种方式。

1.增加或减少分销渠道对象

是指在某一个分销渠道模式里增减个别中间商,而不是增减这种分销渠道模式。但在增减中间商时,需要进行经济效益分析,也就是在增加或减少中间商后,企业利润将如何变化。根据企业的整体战略规划和对中间商的评估,对那些不能完成生产商的分销定额,并且不积极合作,影响生产商市场形象的个别中间商,应终止与其的购销关系。

2.增加或减少某一种分销渠道

这是指增减某一种分销渠道模式,而不是增减分销渠道里的个别中间商。在增减时,也需要作经济效益分析。销售渠道有多种方式,随着形势的发展和变化,原有的销售渠道会在很多方面表现出不适应,当某种分销渠道出售本企业的某种产品,其销售额一直不够理想时,仅仅增减个别的渠道成员已经不能解决问题。这时,往往需要对渠道进行大规模的调整,如增设一些新的渠道,或减掉一些不适应形势要求的渠道。

3.调整整个分销渠道

对制造商来讲,最困难的是改变整个分销渠道系统,比如软饮料制造商想用直接装瓶和直接销售来代替各地的特许装瓶商,因为这不仅改变整个分销渠道系统,而且还将迫使制造商改变原先的市场营销组合。调整分销渠道是企业市场营销组合和市场政策的重大变革,要十分谨慎。所以它必须由企业的最高领导人做出决策。

(五)渠道的合作、冲突与竞争

在分销渠道各个成员之间的关系中,合作是主流,大部分渠道成员基本上是按照诚实信用的原则,自觉自愿地履行事先达到的协议、合同,积极履行应尽的义务,维护共同的利益,使分销渠道正常运行。然而,不管渠道设计如何精良,渠道成员如何优秀,总会存在冲突,再好的合作关系也会不可避免地出现不和谐。如各成员经常为了自己的短期最佳目标采取单独行动,对各自的职责、谁应该干什么以及该得多少报酬经常发生争执,每个成员之间目标不协调、缺乏沟通、责任和作用不一致,都将会导致渠道冲突,而渠道冲突可能威胁到制造商的分销战略。

1.渠道冲突与竞争的类型

渠道冲突按渠道类型可以分为以下 3 种类型。

(1)垂直渠道冲突

垂直渠道冲突是指同一条渠道中不同层次之间的冲突,例如,生产商会认为如果中间商仅经营它的一种品牌,公司能取得更大成功和获得更多利润率,但是,许多中间商会认为如果经营多种品牌将会更有利。不一定所有的垂直冲突都有害,有些反而是有益公司的,所以问题不在于如何去压制它,而在于如何因势利导,使大家受惠。渠道领导者应为其渠道系统确立一系列目标,并强化系统内的管理职能,以增强渠道成员的信任感,消除彼此间的冲突。

(2)水平渠道冲突

水平渠道冲突是指某渠道内同一层次的成员之间的冲突,例如,某公司的特许经销商太多,距离又太近,以致压低了彼此之间的利润。对于这种冲突,渠道领导者有责任制定正确得力的政策,使渠道冲突的信息能反馈到最高管理层,并迅速果断地采取行动,以缓和或消除这些冲突,否则它将损害渠道的形象和向心力。

(3)多渠道冲突

多渠道冲突是指一个制造商建立了两条或两条以上的渠道向同一市场出售其产品。当一条渠道的成员销售额较大而利润较少时,多渠道冲突将变得更加激烈。

2.管理渠道冲突

①确立共同目标。有时渠道成员发现其有共同的目标,如生存、市场份额、高品质、消费者满意度,这种情况通常发生在渠道面临外来威胁,如出现了强有力的竞争渠道、立法的改变或消费者需求的改变时。在这种情况下紧密合作则能够战胜威胁,也可能使各渠道成员明白紧密合作追求共同的最终目标的价值。

②在两个或两个以上的渠道成员之间交换人员。

③合作。这里的合作指的是一个组织为赢得另一个组织的领导者的支持所做的努力,包括邀请他们参加咨询会议、董事会等,使他们感到他们的建议被倾听,受到重视。只要发起者认真对待其他组织的领导人总能减少冲突。但为了获得其他组织的支持,该组织不得不对其政策、计划进行修改、折中。

④鼓励。在贸易协会内部以及贸易协会和贸易协会之间建立成员关系。例如,新加坡的家具设计中心就是家具公司和设计中心成立的协会,目的是使家具公司更好地了解公众,提高本地的家具设计水平。

三、分销渠道的发展趋势

(一)影响分销渠道发展趋势的因素分析

随着社会经济、技术、文化、竞争和法律等外部环境因素的变化,分销渠道的发展变化是势在必行的。渠道发展方向何去何从、趋势如何,必然受到以下相关因素影响。

1.消费者需求个性化及多样化

当前,人们的收入水平大幅提高的同时,消费者的消费能力日渐提高,求新求异心理膨胀,消费需求呈现出个性化及多样化的特点,对分销渠道的创新产生着越来越重大的影响。消费者需求的个性化及多样化表现为以下特点:①寻求更低的价格。②寻求更多的服务支持。③要求快速交货。④追求购买过程透明。⑤个性化的产品需求增多。⑥消费者体验重要性增强。

2.传统分销渠道内部地位的变革

传统分销渠道是由制造商、批发商和零售商构成的关系松弛的销售网络，而且，在此网络中制造商占主导地位。生产力的发展提高了商业机构在分销渠道中的地位，分销渠道系统内的权力逐渐由制造商转向以零售商和批发商构成的销售商，销售商越来越居于举足轻重的地位，甚至销售商开始逐步取代了原来由制造商完成的"产品设计和开发、广告、物流和仓储"等功能，销售商的品牌价值与日俱增，制造商的地位逐渐下降。

3.信息技术的深入融合

使用电子商务，与客户的每一次接触的成本是现场销售的千分之一，而覆盖面可以远比现场销售范围大。这种方式解决了传统营销模式的一些问题，如难以满足客户的个性化需求、中间商利润高等，传统的营销模式式微，电子商务成为当下主流的营销模式。

4.新管理理念的普及与标杆公司的示范

20世纪70年代以来，许多大公司为了控制和占领市场，实现集中与垄断，往往采取前向一体化或后向一体化的经营方式。这类方式在控制市场的同时，会分散企业对核心业务的专注力，因此，适当的业务外包成为现代企业发展的首选。

(二)分销渠道的发展趋势

1.直销渠道蓄势待发

一般来说，分销渠道按产品从厂家到消费者手中是否经过中间环节可以分为直接渠道和间接渠道。直接渠道是指厂家通过自建销售网点、邮寄、派遣营销人员直接推销等方式，直接把产品销售到消费者手中，而不经过其他中间环节。由于没有中间环节，企业一方面可以节省流通费用，降低成本，使产品具有价格优势；另一方面，可以拥有更大的营销自主权，迅速收集信息，对市场的变化做出反应，及时调整营销策略而不会为中间商所掣肘。此外，直接渠道还能为消费者提供便捷的购物渠道以及演示讲解、送货上门等多项服务，更好地了解顾客的需求，做到按需供货。

在直接渠道方面,由于直销所固有的一些优点,很多厂家对直销越来越重视。

如何更好地利用已有的销售网点和销售人员,如何进一步拓展业务,如何面对竞争对手的挑战则成了直销企业不得不考虑的问题。而对于那些正计划进入直销行业的企业来说,如何选择并运用适合的直销模式,则成为它们要解决的当务之急。

2. 渠道扁平化

降低渠道成本的最直接有效的方法就是缩短渠道层次,因为,渠道层次越多,渠道费用就相对越高,甚至会发生不该发生的费用。所谓的"渠道扁平化",就是通过缩减分销渠道中不增值的环节或增值很少的环节,并有效地回避渠道风险,从而实现企业经营的良性发展。渠道扁平化是以企业的利润最大化为目标,依据企业自身的条件,利用现代化的管理方法与高科技技术,最大限度地使生产者直接把商品出售给最终消费者以减少销售层级的分销渠道。通过渠道扁平化,厂家可以降低渠道的运营成本、增大利润空间,可以增强控制渠道的能力、提高管理水平,可以保证信息流通顺畅,从而有可能为终端零售商提供更低的价格,使本厂家的产品更具竞争力。因此,未来的渠道趋势,最终将以终端渠道、单层次直销和多层次直销替代其他所有中间商,成为"企业—消费者"多对一或一对一式直销渠道。

3. 渠道服务化

所谓渠道服务化,就是深度挖掘渠道的功能与消费者对渠道的需求,使渠道不仅是商品和服务从生产者向消费者转移过程中的具体通道或路径,而且是制造商为最终顾客提供辅助服务、加强联络的重要通道。

4. 渠道一体化

当今多数西方企业都拥有 30 个以上的联盟,其中世界 500 强企业更是达到了平均每家约 60 个主要联盟的程度。这样的战略联盟可以整合资源、降低成本、减少浪费、提高效率,使厂商资本利用率、回报率都得到极大提高。从长远看,处在同一产业链条中的厂家和商家是相互制约、谁也离不开谁的,是在共同创造价值的。因此,一体化将是企业渠道建设中不可回避的重要问题。

5. 渠道趋同化

由于经济发展的不平衡,目前分销渠道发展表现为地区间、行业间存在着梯级差异,经济发达地区和市场发育完善、标准化生产、竞争充分的行业分销渠道进化迅速,渠道中心前移,渠道层级减少,生产商与经销商联盟不断出现;经济欠发达地区和市场发育不完善、生产力水平低下、竞争不充分的行业,大多组建松散的、多层级结合的长渠道营销组织。由于存在着成本和效率的比降关系,加上行政上的统一导致的市场的统一趋势,都将使资本、技术、劳动力等资源势必要从竞争激烈方朝竞争不充分方转移,因此未来效率高的渠道模式必将引入落后的地区和行业,从而保证渠道发展行业与地区上差距缩小,并逐步趋同。

(三)互联网对分销渠道的影响

电脑网络的建立与普及彻底地改变人类生存及生活的模式,而控制与掌握网络的人就是人类未来命运的主宰。谁掌握了信息,控制了网络,谁就拥有整个世界。随着互联网在 20 世纪 90 年代的异军突起,互联网技术的发展对社会经济生活的各个方面,包括企业的生产和经营都产生了巨大的影响。作为企业营销系统的一个重要部分,分销渠道及其结构形式在这种影响下已经发生了翻天覆地的变化。

1. 增加分销渠道

在互联网环境中,分销渠道不再仅仅是实体的,而是虚实相结合的,甚至是完全虚拟的。在线销售、网上零售、网上拍卖、网上采购、网上配送等新的分销形式使分销渠道呈多元化趋势,分销渠道由窄变宽、由实变虚、由单向静止变成互动。虚拟渠道的一个重要表现形式就是电子商店,在线销售、网上零售、网上拍卖、网上采购、网上配送等新分销形式都是电子商店的经营方式。电子商店是电子买卖发生的场所,是传统商店的在线版,代表了网络与商业的融合。与传统商店类似,电子商店为顾客提供新的最终的成交场所。

2. 疏通分销渠道

在互联网环境中,由于信息沟通成本低、效率高,分销渠道各环节的信息能充分沟通。信息渠道的畅通也使各环节的主体意识到,只有相互合作,才能使各方面的利益共同达到最大化,因此,各分销渠道主体之间的关系逐渐由零和博弈转变成非零和博弈,最终创造了双赢的合作竞争关系。同时,由于虚拟渠道的介入,使分销渠道间竞争加剧,传统的分销渠道主体渐渐意识到原来做法的危险性,从而迫使其放弃原来各自为政的想法和行为,从单独活动逐步走向合作双赢,最终使渠道越来越畅通。

3. 细化分销渠道

通过互联网,生产商和中间商可以直接了解消费者的真实消费需求,可以直接向消费者提供产品,可以低成本地向消费者提供定制化服务,与消费者实现互动,即一对一营销。一对一营销的兴起和实现,使分销渠道由粗放型变成集约型,分销渠道的细化是互联网时代一个显著的渠道特征。

4. 整合分销渠道

在互联网时代,由于制造商与消费者之间的沟通更加方便,这样,传统的中间商就显得多余了,不仅在信息沟通方面显得多余,在商品流通方面也显得多余。许多厂家开始钟情于直销,它们按照顾客的要求进行生产,在生产中吸引顾客参与设计,从而使产销结合更加紧密。这种新的生产经营模式,要求分销渠道快捷、高效,同时也要求产销不再脱节。但是传统的分销渠道很难满足其要求,所以,许多厂家只好自建分销渠道或委托第三方物流公司,传统的分销渠道显得多余,分销渠道变得更加扁平化。

5. 降低分销成本

分销成本的降低是互联网带来的最直接的利益,这主要表现在降低交易成本、沟通成本和流通成本上。互联网使分销渠道的成本降低功能受到企业的特别重视,导入互联网已成了企业重构和再造的一个基本而重要的目标。

6.提高分销效率

没有互联网,仅靠过去的电话接单,大规模客户化是不可能实现的。

7.促进渠道透明化

传统的分销渠道,对供应商来说,大多数情况下是不透明的,假如中间发生阻塞也不知道问题出在何处,更不知道该从何处下手。但是在互联网时代,通过把互联网系统引入渠道,就可以使渠道透明起来。在互联网平台上,企业可以引进及时生产管理技术(JIT),动态跟踪产品的流通情况,在产品的运输过程中,通过引入全球定位系统(GPS),实时动态跟踪商品的在途情况,从而为商家的及时供货提供了保障。

第三节　中间商

一、代理商和经纪人

代理商和经纪人是从事购买或销售或二者兼备的洽商工作,但不取得产品所有权的商业单位。与商人批发商不同的是,他们对其经营的产品没有所有权,所提供的服务比有限服务商人批发商还少,其主要职能在于促成产品的交易,借以服务赚取佣金作为报酬。与商人批发商相似的是,他们通常专注于某些产品种类或某些顾客群。

(一)代理商

代理商是指接受生产者或消费者委托,从事商品购销业务,但不拥有商品所有权的中间商。又分为企业代理商和销售代理商。

1.企业代理商

企业代理商比其他代理批发商人数更多,这种代理商通常与两个或若干个互补的产品制造厂家长期合作,分别和每个制造商签订有关定价政策、销售区域、订单处理程序、送货服务和各种保证以及佣金比例等方面的正式书面合同,在一定地区,按照这些企业规定的销售价格或价格幅度及其他销售条件,替这些企业代销全部或部分产品,而制造商按销售额的一定百分比付佣金。

企业代理商虽然同时替几家企业代销产品,但是,这些产品都是非竞争性的、相互关联的品种。代销的产品范围不大,加之他们了解每个制造商的产品线,因而他们比其他中间商更能提供专门的销售力量。大多数企业代理商都是小型企业,雇用的销售人员虽少,但都极为干练,能与市场保持密切的联系,他们能向企业提供关于市场信息及市场需要的产品样式、性能、价格等。企业使用这种代理商的情况,主要有以下几种。

①自己没有推销员的小企业以及产品种类很少的企业,往往利用这种代理商推销产品。

②自己有推销员的大型企业,在潜在购买者不多、销售不旺的地区,委托代理商去推销产品。

③有些企业往往使用这种代理商在某一地区开辟新市场。

2.销售代理商

销售代理商是在签订合同的基础上,为委托人销售某些特定产品或全部产品的代理商,不受地区限制,对价格、条款及其他交易条件可全权处理。一个生产企业在一定时间只能委托一个销售代理商,且本身也不能再进行直接销售活动。因此,销售代理商实际上是生产企业的全权的独家代理商。销售代理商要对生产企业承担较多的义务,如,在代理协议中,一般要规定一定时间内推销的数量,不能同时代销其他企业的类似产品,为生产企业提供市场情报信息,负责商品的促销活动等。这种代理商在纺织、木材、某些金属产品、某些食品、服装等行业中常见,在这些行业,竞争非常激烈,产品销路对企业的生存至关重要。销售代理商也实行佣金制,但其比例一般低于企业代理商。

(二)经纪人

经纪人是独立的企业或个人,其既无商品所有权,又无现货,只为买卖双方提供价格、产品及一般市场信息,为买卖双方洽谈销售业务起媒介作用。经纪人拿着货物说明书和样品,替卖方找买方,或替买方寻找卖方,为买卖双方牵线搭桥,把卖方和买方结合在一起,协助他们进行谈判,介绍和促成卖方和买方成交。成交后,由卖方把货物直接运给买方,而经纪人向委托人收取一定的佣金。有些生产者因为要推销新产品,或因为要开辟新市场,或市场距离产地遥远,都会利用经纪人推销产品。

二、批发商

批发商是分销渠道中的重要成员,是商品流通中的大动脉。菲利普·科特勒将批发定义为:包含一切将货物或服务销售给为了转卖或者商业用途而进行购买的人的活动。作为产销中介环节,批发首先是一种购销行为。其一为购进,即直接向生产者或供应商批量购进产品。这种购进的目的是为了转卖而非自己使用。其二为销售,将产品批量转卖给工商企业、事业单位,供其转售(如零售商)、加工再售(如制造商)或转化再售(如事业单位)。因此,所谓批发指的是把产品出售给零售商、其他中间商或团体购买者,但不直接出售给最终顾客的一种活动。而以批发经营活动为主的企业或个人便被称为批发商。一个宣称"以批发价出售给每一位顾客"的服装经销商,如果销售额中很大比例是直接出售给最终顾客的,那么它实际是一个零售商。产品出售价不是决定该商人是批发商还是零售商的标准,主要看出售给最终顾客的销售额比例。仓储式超市以接近批发价的价格出售产品,但它仍是一个零售商。生产厂家和零售商可以越过批发商开展分销活动,这并不等于可以不要批发商的批发功能。

(一)批发商的作用与功能

1. 批发商给厂家提供多种营销功能

第一,销售功能。批发商营销可以作为生产厂家销售力量的延伸,降低生产厂家的销售费用,并可以比厂家更好地接近用户,比远在异地的厂家更容易得到购买方的信任。

第二,仓储功能。批发商营销可以提供仓储设施与力量,从而减少厂家对仓储设施的投资,使厂家可以集中于生产制造上。

第三,资金融通的功能。批发商营销可以降低仓储成本,降低厂家在库存产品上的资金占用,使厂家能在产品出售给最终用户以前回收货款,减少坏账风险和流动资金的投放。

第四，收集提供市场信息的功能。批发商凭借接近用户接近市场的特点，可以向厂家提供市场信息、用户要求与需求动态，从而减少厂家对市场调研需要的投入。

第五，降低风险的功能。批发商由于承担了多种功能，从而为厂家承担了不少风险，如拥有产品所有权而承担风险；赊销时销售信用风险；因库存产品而承担偷窃、损坏、变质、过时等而引起的损失风险。批发商的提前订货，也能帮助厂家安排好生产计划，降低生产企业的市场风险。

第六，汇集产品的功能。批发商可以从多个厂家进货，组成品种繁多、规格齐全的产品集合，有助于零售商降低采购成本与精力，同时也有利于厂家产品的销售。

2. 批发商向客户企业提供多种营销功能

第一，采购功能。销售代理能预测客户定购需求，及时采购产品以满足需求。

第二，库存功能。减轻客户的库存压力，帮助客户避免过量采购或采购不足，并与客户共享大规模仓储所带来的经济效益。

第三，搜集市场信息功能。提供有关生产厂家和所生产产品的信息，评估产业发展变化趋势，从而使客户随时跟踪产品的发展动向。

第四，资金融通功能。向客户提供销售信贷，承担库存费用，降低客户在仓储设施上的固定费用投资与支出。

第五，承担风险功能。使客户不必过多地承担库存资金占用的风险，向被厂家拒绝赊卖的小企业提供产品。

第六，交易功能。拥有产品所有权可以使客户不必直接与厂家打交道，可以使客户减轻采购的压力。

第七，集中与汇总功能。为客户提供花色品种齐全，产品多样的选择性，既满足需要又减轻客户的大量工作。

(二)批发商的类型

批发商一般可以分成 4 种类别：经销批发商、代理批发商、厂家批发机构和其他特种批发商。

1. 经销批发商

经销批发商是指那些购买产品获得产品所有权,再转卖给组织用户从中谋取经营差价的独立中间商。经销批发商可以根据其提供的功能范围与服务水平分为完全职能的经销批发商和部分职能的经销批发商。

完全职能的经销批发商能够为其上下客户提供几乎全部的营销功能,例如:仓储、推销人员、商业信贷、运输、促销支持、管理帮助、提供市场信息。及时对产品进行分类、分装、分等、包装和搭配汇齐等等。完全职能经销批发商有许多具体种类,例如,综合性批发商,主要指经销产品种类齐全,产品线较宽的批发商。如日用轻工家电产品批发商。专业批发商,主要指经销某一大类产品的批发商,如药品药材经销企业,农副杂品经销批发企业,厨具用品批发企业等等。工业品分销商一般都属于专业经销批发商,生产厂家出于建立良好的生产—分销体系,往往努力与工业分销商建立互利伙伴关系,从而确保有较高的市场覆盖面。

部分职能经销批发商一般只向客户提供极少的服务和营销功能,由客户自己来承担这方面的工作,作为补偿,批发价格一般较实惠。例如,普通商品专业市场日用小商品、普通服装、杂货、装修建材等一般采取现款交易,运货自理的批发方式,客户上门采购,当场付款,然后自己把货物运回自己的销售点。也有一些批发商把商品装上汽车或其他交通工具,逐家推销。他们一般执行批发销售与送货上门的职能,比较适合小型超市、杂货店、餐馆、医院、食堂和旅馆,现货现卖,大大方便了他们的采购。

2. 代理批发商

代理批发商是指不获得产品所有权,只是代表买方或者代表卖方受委托进行产品交易的一类批发商。这类批发的也分为两种:一是经纪人,另一是代理商。就其功能来说,基本是一样的,只是后者比前者更正规、受托关系更长、代理权限更大、辅助功能更多一些。经纪人主要作用是为买卖牵线搭桥,协助谈判。一般不存货,不涉及财务问题,不承担风险,由事先达到的比例按销售额提取佣金。

代理商也有几种形式。独立的厂家代理商是代理批发商的主要形式,他们代表两家或两家以上的厂家产品销售。厂家一般要求代理商不代理销售相互竞争的产品,但可以是互为补充的产品线。代理商也就价格、代理地区、订单处理方式、送货、商品担保、佣金标准等等方面与厂家达到书面合同。中小型生产企业一般没有力量来进行产品的分销工作,常常采用代理的方式,而对于大型生产企业,在开发新市场或自己一时无法全力投入销售力量的市场也多利用厂家代理商。另一种代理商是销售代理。销售代理商可以提供厂家代理商的全部功能,但是销售代理商可以经营相互竞争的产品,在代理区域方面一般有严格的限制。还有一种是采购代理商,他们一般和买方建立有长期的合作关系,为其寻找、购买合适的产品,进行选择、收货、验货、储存、送货等工作,并按商定的标准获得佣金。

3. 厂家批发机构

厂家批发机构主要指生产厂家自行建立的批发单位,以自身的力量进行产品的分销工作。厂家批发机构一般有两种:一是厂家外派外驻的办事处,主要进行联络、寻找客户、提供产品信息、接受订货、受理投诉、开展维修等等工作,一般没有仓储存货、也不负责送货。另一种是销售公司,是由厂家建立的销售机构,可以是分公司,也可以组建子公司。厂家销售公司除了具备办事处的功能外,一般还拥有仓储设施,有营业场所,有运输工具,可以全方位地开展产品的分销工作。

4. 其他类别的批发商

除了上述的批发商以外,还有一些其他类别的批发商。比较特殊的有成品油批发企业或石油公司。它们向加油站、燃料油用户、工业用油户、其他油品中介机构等批发石油制成品(主要是汽油、柴油、燃料油)。由于它们大多数拥有大型专用的生产设施,所以是比较特殊的一类批发商。农副产品佣金行也是一种比较独特的批发商。它们向各家各户小批量买进产品,然后大批量卖给少数几个客户。

(三)批发商的发展趋势

最早,批发商是分销渠道中最有实力的环节。这是因为当时生产企业规模较小,所需的资金、原材料都需要批发商协助筹措,生产出来的产品靠批发商分销给零售商;而零售商规模也很小,其融资能力、商品资源的组织能力等都很有限,需要批发商的支撑和协助;各个国家也需要批发商发挥蓄水池的作用。随着经济的发展,生产企业的规模不断扩大,销售能力不断增强,有的企业确立了自己的销售渠道,有的企业开发了便于控制的新的销售渠道,有的企业将过去的批发商置于自己的支配之下。与此同时,零售商也发生了较大的变化,能够大批进货和大批销售的大型零售商出现于销售环节中,就是中小型零售企业也通过各种形式的连锁组织,增强了从生产企业直接进货的能力。这样批发商受到来自制造商和零售商两方面的压力,使批发商在流通中的主要作用相对减弱。批发商为了生存和发展,在经营方式和经营思想上进行了一系列的改革。

1. 深化各项批发机能

依靠电子计算机系统,提高对需求预测的精确性,更有效地调节供求平衡。对生产发挥组织作用,如季节性、流动性极强的服装生产,通过批发商制定产品规划,组织不同生产企业共同开发新产品。加强对零售商的经营指导,变过去对零售商的控制为对零售商的服务。

2. 在经营形态上进行种种创新

建立货架批发、货车批发、邮购批发等形式,以满足用户的不同需要。

3. 自我经营能力的提高

组成各种形式的联合组织,建立各种类型的批发中心和批发市场,发挥批发在物流以及信息交流方面的作用。

三、零售商

(一)零售商的类型

现代零售业是一个投入较高、科技含量较高、专业知识较强、风险较大的行业。零售商是指将产品直接出售给最终消费者的流通企业,它在一个国家的经济生活中起着越来越重要的作用,处于商品流通的最终阶段。在商品经济发达的国家,零售业是一个庞大的产业,其数量远远超过生产企业加批发企业之和,并拥有众多的从业人员,它是联系生产企业、批发商与消费者的桥梁,在分销渠道中具有重要作用。

零售商的基本职能就是将生产者生产的各种有形和无形产品卖给消费者,完成产品从生产领域向消费领域的最终转变。由于零售商是直接实现产品价值的最后环节,一般来说,其经营风险要比批发商大,因此零售加成比率也比较高。现代零售商业的形式复杂多样,新型的零售形式层出不穷,按不同标准,可将零售商划分为不同的类型。

1. 按所有权的关系

(1)私人店

它是一种很普遍的零售商店的形式。商店由店主私人拥有。这种店的优点是,店的所有者是店主,一般为经营者,也有雇人经营的;顾客多是一些熟人,服务比较周到。例如,水果店、小百货、小副食店等。

(2)连锁商店

这种商店只用一个商标名称(俗称店名),但数量不等,可以是几家,也可以是成百上千家。同一个商标名称下的连锁商店归在同一个所有者名下,实行所有者集权的决策方式。规模较大的连锁商店可以与制造商抗衡,因为连锁商店决定着制造商产品的销路。消费者也可以从连锁商店那里得到满意的服务,因为连锁商店购货和销货的渠道及政策都较稳定,也有相对固定的供应商。

(3)消费者合作社

消费者合作社也是商店,店的所有权属于一批消费者,他们在管理经营商店的同时,也从商店购买商品。对入会消费者,消费者合作社可以将零售商品的价格比一般的零售商店降低 20%~25%,从而保护了入会消费者的利益。

(4)贸易合作社

贸易合作社由多家拥有独立所有权的商店组成,这些商店的经营方式类似连锁商店。当这些商店联合起来向同一家批发商购货时,它们可以享受为大订货量设置的数量的折扣,也可以促进销售。这种联合使零售商店增加了实力,给消费者增加了安全感。

(5)特许专卖系统

一个企业或个人可以向一个母公司申请特许专卖权,以建立一个零售店或其他形式的企业。这些有权出售特许权给其他公司的母公司,一般都是一些很有名气的企业。取得特许权的企业要按期向母公司交纳使用特许权的费用,同时享受母公司的声誉,节省了投资建企业的一些费用,也减少了经营起步的很多困难。母公司一般都严格控制使用特许权的企业,例如通过材料、产品等实现控制,有些根据业务的特点进行控制。

2.按经营方式

(1)零售商店

零售商店是一种传统的零售方式,这些商店种类繁多,规模差异也很大,经营产品的范围各具特色,是消费者最经常接触的零售方式,顾客到店中可以随意挑选和购买自己所需要的商品。

(2)网上购物

网上购物与零售商店互为补充,成为当今社会常见的零售方式。它通过互联网检索商品信息,并通过电子订购单发出购物请求,然后填上私人银行账号或信用卡号码,厂商通过邮购的方式发货,或是通过快递公司送货上门。中国的网上购物,一般付款方式是款到发货(直接银行转账,在线汇款)和货到付款等。

(3)自动售货机

自动售货机在在我国已经很普通。所出售的商品包括小食品、冰激凌、饮料等。公司要定期派人为自动售货机添加货物和从机内取走货款。由于自动售货的成本、金属币的限制和消费者自助购物的方便性等因素,自动售货机出售的商品价格一般会比其他地方的商品价格高出 20%左右。

3.按经营商品范围

(1)专业商店

专业商店即专门经营某类商品的商店,如照相器材商店、自行车商店、鞋店、文具店等。专业商店一般要比百货商店或超级市场中各专门柜台所售产品的型号、种类要多,顾客的选择面较宽,其销售人员对有关产品的专业知识要比其他店的销售人员掌握得多一些,能够为顾客提供比较详细的信息和周到的服务。

(2)百货商店

百货商店由于其经营的商品种类多,故称百货商店。商品既有食品、服装、五金、电器、针纺织品,又有文化和体育用品等。百货商店的规模一般比较有限,不同的百货商店有不同的经营重点。百货商店的售货方式一般为传统式的柜台售货,顾客在挑选商品时不太方便。其组成形式有独立百货商店、连锁百货商店和百货商店所有权集团。

(3)传统的超级市场

传统的超级市场其规模一般较大,经营产品的范围既深又广,不仅种类多,而且每种产品中可供选择的型号、式样等也较多。大多数商品的售货方式都采用自选,顾客感到十分方便。

(4)超级商店

超级商店其最大特征是以较低价格供应消费者日常生活所需要的一切消费品和服务项目。

4.按是否连锁

连锁商店是指由一家大型商店控制的,许多家经营相同或相似业务的分店共同形成的商业销售网。其主要特征是,总店集中采购,分店联购分销。连锁方式有3种。

(1)正规连锁

同属于某一个总部或总公司,统一经营,所有权、经营权、监督权三权集中,也称联号商店、公司连锁或直营连锁。分店的数目各国规定不一。其共同特点有:所有成员企业必须是单一所有者,归一个公司、一个联合组织或某一个人所有;由总公司或总部集中统一领导,包括集中统一人事、采购、计划、广告、会计等;成员店铺不具企业资格,其经理是总部或总店委派的雇员而非所有者;成员店标准经营,商店规模、商店外貌、经营品种、商品档次、陈列位置基本一致。

（2）自愿连锁

各店铺保留单个资本所有权的联合经营,多见于中小企业,也称自由连锁、任意连锁。正规连锁是大企业扩张的结果,目的是形成垄断;自愿连锁是小企业的联合,目的是抵制大企业的垄断。自愿连锁的最大特点是,成员店铺是独立的,店员、经理是该店所有者。自愿连锁总部的职能一般为:确定组织大规模销售计划,共同进货,联合开展广告等促销活动,制订自愿连锁企业的业务手册,如业务指导、店堂装修、商品陈列,组织物流,教育培训,信息利用,资金融通,开发店铺,财务管理,劳保福利,帮助劳务管理等。

（3）特许连锁

特许连锁也称合同连锁、契约连锁。它是主导企业把自己开发的商品、服务和营业系统(包括商标、商号等企业象征的使用,经营技术,营业场合和区域),以营业合同的形式给规定区域的加盟店授予统销权和营业权。加盟店则须交纳一定的营业权使用费,承担规定的义务。特点是:经营商品必须购买特许经营权,经营管理高度统一化、标准化。

非连锁店是连锁经营以外的经营方式。

5.从商店的分布位置

（1）中心商业区

每个城市都有一个或几个主要的商业中心,那里商店林立,组成城市里最繁华的商业地区。这些地区客流量大,销售额大,生意兴隆。

（2）购物中心

购物中心不一定位于繁华的闹市区,它是该地区居民购物的主要地点,同时附近的餐饮业一般也较发达。

（3）住宅区购物点

住宅区内的购物点一般规模小,主要提供居民日常需要的一些小商品。这类购物点分布比较稠密,数量多。

(二)零售商的生命周期

零售商的生命周期可分四个阶段。

1. 创新阶段

在这个阶段创办和发展了新型的零售机构形式,由于针对传统机构弊端而出现,所以投资收益率、销售增长率迅速提高。

2. 繁荣阶段

这个阶段许多模仿者纷纷效法,已营业者则在其他地区进行扩张,企业的投资数量达到最高水平。

3. 成熟阶段

此时投资收益率下降,但可能长期稳步发展,获得中等但稳定的利润。

4. 衰退阶段

此时投资收益率继续下降,甚至为负,企业需要寻找新的机会或转变其原有态势。现阶段,不同类型的零售商处于不同的阶段,专业商店、百货商店、连锁商店、方便商店、仓储零售都正处于成熟阶段,超市则正处于成熟或衰退阶段,快餐商店正处于繁荣阶段,个人网上商店处于创新阶段等。

参考文献

[1]伍应环,刘秀.市场营销理论与实务[M].北京:北京理工大学出版社,2019.08.

[2]俞荟,徐军.市场营销理论与实务[M].北京:北京理工大学出版社,2019.03.

[3]陈子清.市场营销理论与实务[M].上海:上海财经大学出版社,2018.08.

[4]尹小悦.市场营销理论与实务[M].北京:北京工业大学出版社,2018.06.

[5]王海燕.市场营销理论与实务策略[M].北京:中国书籍出版社,2019.12.

[6]郭英,潘娅.市场营销理论与实务[M].北京:北京理工大学出版社,2017.02.

[7]陈宏付.国际市场营销理论与实务[M].北京:北京理工大学出版社,2018.05.

[8]孙智,武桂梅.市场营销理论与实务[M].沈阳:辽宁科学技术出版社,2016.08.

[9]王晟,唐细语,何尔锦.市场营销理论与实务(第3版)[M].北京:北京理工大学出版社,2017.07.

[10]彭石普.市场营销——理论、实务、案例、实训(第四版)[M].沈阳:东北财经大学出版社,2018.01.

[11]林巧,王元浩.旅游市场营销理论与中国新实践[M].杭州:浙江大学出版社,2018.12.

[12]吴晓微,王珏,孙淑艳,等.市场营销理论与实务[M].北京:北京理工

大学出版社,2015.01.

[13]贾雯,曾凡跃,孙言雅.市场营销理论与实务[M].北京:中国商业出版社,2015.06.

[14]龙忠敏,朱钦侯.市场营销理论实务实训[M].镇江:江苏大学出版社,2016.07.

[15]鲁峰,周本存,王良举.旅游市场营销理论与案例[M].上海:上海财经大学出版社,2015.07.

[16]陈振祥,叶宏.市场营销理论与实操[M].长春:东北师范大学出版社,2015.07.

[17]冯志强,李丽,冯小伟.市场营销理论与实务[M].北京:中国轻工业出版社,2014.02.

[18]马进军.市场营销理论与实务[M].上海:上海大学出版社,2014.08.

[19]李金前,陈葆华,杨波.市场营销理论与实务[M].天津:南开大学出版社,2013.08.

[20]陈和钦,张瑞珏.市场营销理论与实务[M].北京:北京理工大学出版社,2012.08.

[21]王彦长.市场营销理论与实务[M].合肥:安徽大学出版社,2012.08.

[22]白福贤,肖水平,周雪瑛.市场营销理论与实务[M].北京:现代教育出版社,2012.01.

[23]刘晓岩,刘宁,施海霞.市场营销理论与实务[M].上海:上海财经大学出版社,2011.06.

[24]马凤棋,张文贤.市场营销理论与实务[M].北京:中国农业大学出版社,2011.07.

[25]姚小远,康善招.市场营销理论与实务[M].上海:立信会计出版社,2011.05.

[26]郑璁,平怡.市场营销理论与实务[M].重庆:重庆大学出版社,2011.08.

[27]王煊,廖可贵,方智勇.新编市场营销理论与实训教程[M].武汉:华

中科技大学出版社,2015.02.

[28]高见,孙霞霞,薛英.经济多元化背景下企业市场营销理论及营销策略研究分析[M].北京:中国商务出版社,2018.01.

[29]余雄,王祥.市场营销学理论及案例[M].昆明:云南大学出版社,2018.08.

[30]韩丽娜,赵蓓.市场营销学理论与实务[M].开封:河南大学出版社,2018.01.

[31]黄涌波,李贺,张旭凤.市场营销基础理论案例实训[M].上海:上海财经大学出版社,2014.01.

[32]赵晓燕,孙梦阳.市场营销管理——理论与应用(第2版)[M].北京:北京航空航天大学出版社,2014.08.

[33]郑玉香,范秀成.市场营销管理理论与实践新发展[M].北京:中国经济出版社,2014.01.

[34]李胜,王玉华.现代市场营销学理论与实战模拟[M].北京:中国铁道出版社,2013.03.

[35]吴国庆,王杰芳.市场营销学理论实务与应用[M].上海:上海交通大学出版社,2013.07.

[36]邵安兆,钟劲松,褚笑清.市场营销学理论、实务、案例、实训[M].北京:中国传媒大学出版社,2013.04.